GRANDES MENTES DA ECONOMIA

Histórias, Metáforas, Conceitos e Teorias

José souza

INTRODUÇÃO:

A economia é frequentemente comparada a uma caixa de ferramentas cheia de metáforas que nos ajudam a compreender conceitos complexos de forma mais simples e acessível. Neste livro, eu me aventuro a explorar uma variedade de ideias comumente utilizadas para descrever a economia e suas intricadas interconexões.

Essas ideias moldaram profundamente a maneira como as pessoas enxergam a economia e as políticas que a regem. Elas têm sido invocadas para justificar medidas econômicas como a desregulamentação, a globalização e o livre comércio.

Esta obra é composta por uma série de capítulos que apresentam essas ideias.

O JOGO DE SOMA ZERO

Josh Nash

Era uma vez, em um Estados Unidos distante, um brilhante matemático chamado Josh Nash. Ele era conhecido por sua genialidade e talento excepcionais, mas também lutava contra a escuridão da esquizofrenia.

Apesar de suas lutas internas, Josh era apaixonado por desafiar conceitos estabelecidos e encontrar novas formas de entender o mundo ao seu redor. Ele acreditava que a matemática era mais do que apenas números e equações, era uma ferramenta poderosa para compreender o comportamento humano e tomar decisões racionais.

Foi durante seus momentos de introspecção e reflexão que Josh criou a Metáfora do Jogo de Soma Zero. Neste capítulo iremos explorar essa ideia extraordinária.

Imagine que você está prestes a jogar um jogo emocionante. Este jogo é chamado de "Soma Zero". O nome pode parecer complicado ou sem sentido, mas prometo que é mais simples do que parece.

No jogo de Soma Zero, existem duas pessoas competindo entre si, vamos chamá-las de Carlos e Bruno. Cada um deles tem uma pilha de moedas e o objetivo é ganhar o máximo possível. Mas há uma reviravolta interessante: a soma das moedas de Carlos e Bruno sempre será zero. Isso significa que, para Carlos ganhar mais moedas, Bruno terá que perder algumas e vice-versa.

Aqui está a parte divertida: Carlos e Bruno têm habilidades especiais que podem usar para ganhar as moedas. Carlos é ótimo em persuadir as pessoas e fazer com que concordem com ele. Bruno, por outro lado, é excelente em descobrir soluções criativas para problemas difíceis.

Então, eles começam a jogar. Carlos usa suas habilidades de persuasão para convencer algumas pessoas a darem suas moedas a ele. Ele está ganhando moedas rapidamente! No entanto, Bruno não está disposto a desistir facilmente. Ele começa a resolver problemas difíceis e, como resultado, algumas pessoas decidem contratar seus serviços e fazem o pagamento em moedas também.

À medida que o jogo avança, Carlos e Bruno percebem a importância de pensar estrategicamente e trabalhar em conjunto. Carlos reconhece que pode usar suas habilidades persuasivas para promover o serviço de resolução de problemas de Bruno. Dessa forma, eles podem criar uma parceria em que ambos saem ganhando. Juntos, eles descobrem uma poderosa sinergia, na qual as habilidades únicas de cada um se complementam e geram resultados ainda mais positivos.

Então, eles decidem adotar uma abordagem diferente. Em vez de tentar ganhar todas as moedas para si mesmos, eles concordam em compartilhar as moedas igualmente. Agora, ambos têm o mesmo número de moedas, mas percebem que algo incrível aconteceu: eles ganharam ainda mais moedas juntos do que teriam individualmente.

Essa é a essência da Metáfora do Jogo de Soma Zero. A ideia é que, em certas situações, podemos obter melhores resultados trabalhando juntos, em vez de competir uns contra os outros. Quando abandonamos a mentalidade de "eu ganho, você perde" e adotamos a mentalidade de "todos ganham", podemos alcançar resultados surpreendentes.

Você pode estar pensando:
"Que papinho de comunista! O que isso tem a ver com a Economia?"

E eu também pensava isso, mas...

Imagine, por exemplo, um mercado onde várias empresas estão competindo ferozmente entre si. Cada uma delas tenta obter a maior fatia do mercado, às custas das outras. Essa mentalidade de soma zero pode levar a uma batalha constante por clientes e lucros, resultando em um ambiente tenso e desfavorável para todos.

No entanto, se essas empresas adotarem a Metáfora do Jogo de Soma Zero, elas podem buscar maneiras de colaborar e criar parcerias estratégicas. Ao invés de lutar pela maior fatia do bolo, elas podem explorar oportunidades de complementaridade e cooperação, onde cada uma se concentra em suas habilidades únicas, beneficiando a todos os envolvidos.

Da mesma forma, no âmbito governamental, a Metáfora do Jogo de Soma Zero também pode ser aplicada. Em vez de países competindo entre si, buscando vantagens em detrimento de outros ou iniciando guerras, eles podem buscar acordos e parcerias que promovam o crescimento global e a cooperação. Essa mentalidade cooperativa pode levar a acordos comerciais justos, desenvolvimento sustentável e uma maior estabilidade nas relações internacionais.

Seguindo a lógica de que para um ganhar, o outro precisa perder chegamos à ideia:
"Vamos taxas os mais ricos e dar para os mais pobres?"

Agora, vamos pensar um pouco mais.

Normalmente, os mais ricos são empreendedores, investidores e criadores de empregos. Eles contribuem para a economia ao produzir bens e serviços de valor, gerando oportunidades de trabalho. Porém, se aumentarmos as taxas de forma excessiva, o que impediria essas pessoas de simplesmente deixar o país? Ou até mesmo fechar suas empresas e investir em negócios informais?

Exatamente...
Essa abordagem, na prática, teria consequências negativas. Poderíamos desencorajar essas atividades econômicas, resultando em menos empregos e crescimento. Em termos coloquiais, no longo prazo, todos acabariam na m@rda, algo parecido com o que ocorreu em alguns países como Venezuela ou Argentina.

Você pode estar se perguntando:
"Como manter meu cachorro vivo?"
E uma das respostas é...
          A mão invisível.

A MÃO INVISÍVEL

Adam Smith

Era uma vez, no século XVIII, um homem chamado Adam Smith, que nasceu em 5 de junho de 1723, na cidade escocesa de Kirkcaldy.

Seu pai, um controlador aduaneiro, queria que Adam seguisse seus passos e estudasse direito, mas foi o fascínio do jovem pelo mundo econômico que o levou a seguir um caminho diferente.

Desde criança, ele mostrou-se curioso e ávido por conhecimento. Na sua cidade, não havia qualquer atividade industrial além de uma única fábrica de alfinetes. Foi ao observar a organização e o funcionamento desse estabelecimento que ele teve seu primeiro contato com as novas formas de produção.

Adam iniciou seus estudos na Universidade de Glasgow, onde teve a oportunidade de explorar várias disciplinas acadêmicas, incluindo filosofia, matemática e história. Foi lá que ele conheceu Francis Hutcheson, um influente professor de filosofia moral, que despertou em Smith um interesse ainda maior pelo estudo das sociedades humanas e suas interações.

Após concluir seus estudos em Glasgow, Adam Smith partiu para a Universidade de Oxford, onde teve acesso a uma vasta biblioteca e aprofundou-se em seus estudos econômicos. Ele estava determinado a entender como as sociedades organizavam suas atividades comerciais e como o bem-estar das pessoas poderia ser maximizado.

Em 1751, Smith retornou à Escócia e aceitou um cargo de professor de lógica na Universidade de Glasgow. Durante esse período, ele conheceu alguns dos grandes pensadores da época, como David Hume, com quem desenvolveu uma amizade duradoura e colaborativa. Foi também em Glasgow que Adam Smith começou a moldar suas ideias econômicas revolucionárias.

E, finalmente, em 1776, Smith publicou sua obra mais famosa, "A Riqueza das Nações", um livro que se tornaria um marco na história do pensamento econômico. Nesta obra, ele descreveu os princípios fundamentais do capitalismo e defendeu a ideia de que mercados livres e competitivos eram capazes de regular a economia de forma eficiente e benéfica para a sociedade como um todo. Graças a essa obra, Adam é considerado o Pai do Capitalismo.

Após uma vida dedicada ao estudo e à escrita, Smith deixou um legado duradouro por meio de suas obras e ideias inovadoras. Seu pensamento influenciou gerações de economistas e sua visão sobre a importância da liberdade econômica e do livre mercado ainda ressoa na teoria econômica contemporânea.

Certo...
Você talvez esteja pensando:

"A Mão Invisível é uma lenda de que Adam puxa o pé de comunistas?"

E até certo ponto você está certo.

Naquela época, o pensamento econômico era dominado pelo mercantilismo, uma doutrina que enfatizava a acumulação de riquezas por meio do comércio e do controle estatal. No entanto, Smith percebeu falhas nesse sistema e defendeu a liberdade econômica como um caminho para o progresso e riqueza das nações.

A "Mão Invisível" é uma metáfora poderosa que Smith utilizou para descrever o funcionamento do livre mercado. Segundo ele, quando os indivíduos buscam seus próprios interesses egoístas, guiados pela busca de lucro e satisfação pessoal, eles acabam contribuindo para o benefício coletivo, mesmo que não seja essa a sua intenção. Essa "Mão Invisível" coordena as ações de milhões de pessoas, equilibrando a oferta e a demanda, determinando preços e incentivando a eficiência econômica.

Agora que está começando a entender, deixe-me exemplificar. Imagine um mercado de frutas e verduras em uma cidade movimentada. Diversos agricultores trazem seus produtos para vender e competem entre si para atrair os consumidores.

Cada agricultor busca maximizar seus lucros, produzindo produtos de qualidade a preços competitivos. Um deles, chamado Pedro, percebe que os consumidores valorizam a qualidade e a frescura dos produtos. Então, ele investe em técnicas de cultivo avançadas, utiliza fertilizantes naturais e colhe suas frutas e verduras diariamente para garantir a máxima qualidade.

Outro agricultor, chamado Ana, percebe que muitos consumidores estão preocupados com a origem dos alimentos que consomem. Então, ela decide adotar práticas de agricultura orgânica, não utilizando pesticidas ou fertilizantes químicos, o que atrai um grupo específico de consumidores preocupados com a saúde e o meio ambiente.

Nesse mercado, cada agricultor age de acordo com seus próprios interesses egoístas, mas as ações individuais de Pedro e Ana, orientadas pela busca do lucro, acabam beneficiando a sociedade como um todo. Os consumidores têm acesso a uma variedade de produtos frescos, de qualidade e com opções que atendem às suas preferências e valores.

Essa dinâmica ocorre porque a competição entre os agricultores, incentivada pela busca de lucro, leva a melhores produtos, preços mais justos e maior variedade para os consumidores. A "Mão Invisível" age como um coordenador silencioso, ajustando a oferta e a demanda para atender às necessidades da comunidade.

Agora, vamos explorar um exemplo mais complexo, envolvendo um setor da economia em escala global: a indústria tecnológica. Grandes empresas de tecnologia, como Apple, Microsoft, Google e Amazon, competem entre si para oferecer produtos inovadores e conquistar a preferência dos consumidores. Cada empresa busca aumentar suas vendas, atrair investidores e obter lucros.

A competição acirrada entre essas empresas resulta em benefícios significativos para os consumidores. Elas são incentivadas a desenvolver produtos mais avançados, melhorar a qualidade, oferecer preços competitivos e fornecer um bom atendimento ao cliente. Essa concorrência leva ao surgimento de smartphones mais poderosos, serviços de armazenamento em nuvem acessíveis, assistentes virtuais úteis e uma infinidade de outras inovações tecnológicas que facilitam nossa vida cotidiana.

Novamente, é importante destacar que essas empresas não estão preocupadas em beneficiar a sociedade diretamente. Elas buscam seus próprios interesses egoístas e competem entre si para conquistar uma fatia maior do mercado. No entanto, suas ações individuais, orientadas pela busca de lucro, resultam em uma série de avanços tecnológicos que têm impacto positivo em nossas vidas.

A "Mão Invisível" também tem implicações além do âmbito econômico. Smith acreditava que a liberdade econômica e a competição no mercado eram fundamentais para a estabilidade social. Ele argumentava que, quando as pessoas tinham a liberdade de buscar seus interesses no mercado, elas estavam menos propensas a recorrer à violência ou ao engano para obter o que desejavam. A competição no mercado funcionava como um mecanismo pacífico de cooperação social, onde as trocas voluntárias beneficiavam todas as partes envolvidas.

Você talvez tenha chegado a uma conclusão:

"A mão invisível não puxa pé de comunistas?"

E você errou...

Vamos analisar a situação de nossos dois vizinhos. Começando por:

Venezuela

A Venezuela é um país localizado na América do Sul e possui vastas reservas de petróleo, o que lhe conferiu um potencial econômico significativo, sendo inclusive o país mais rico da América latina na década de 1980. No entanto, ao longo dos últimos anos, a Venezuela enfrentou uma grave crise econômica, com hiperinflação, escassez de alimentos e medicamentos, além de altos índices de pobreza e desemprego.

Para compreendermos essa situação, é importante observar as políticas econômicas adotadas pelo governo venezuelano. Durante anos, o país seguiu um modelo de socialismo, com forte intervenção estatal na economia, controle de preços e nacionalização de empresas. Segundo o governo, essas políticas visavam promover a igualdade social e o bem-estar da população.

No entanto, os resultados dessas medidas foram desastrosos.

- O controle de preços, por exemplo, levou à escassez de produtos básicos, pois os produtores não conseguiam cobrir os custos de produção e os incentivos para a oferta de bens foram reduzidos.
- A nacionalização de empresas privadas também afetou negativamente a eficiência e a produtividade, uma vez que o governo nem sempre tinha o conhecimento, a capacidade ou os incentivos necessários para administrar eficientemente essas empresas.

Nesse contexto, a teoria da "Mão Invisível" de Adam Smith pode nos ajudar a compreender as consequências dessas políticas econômicas. Ao intervir de forma excessiva na economia e controlar preços, o governo venezuelano inibiu a busca individual pelo lucro e a competição entre os produtores. Como resultado, a oferta de bens e serviços foi afetada, o que gerou escassez e contribuiu para a alta inflação.

Além disso, a falta de incentivos para a iniciativa privada e a intervenção estatal excessiva desencorajaram os investimentos no setor produtivo. Empresas estrangeiras ficaram receosas de investir na Venezuela devido à instabilidade econômica e política, enquanto muitas empresas locais enfrentaram dificuldades para operar eficientemente sob o controle governamental.

Certo...
> Mas existe algum país que foi pelo mesmo caminho?

E a resposta é...
> Vários.

Entre eles nosso próximo exemplo:

> A Argentina

No início do século XX, a Argentina era considerada uma das economias mais prósperas do mundo. O país possuía uma rica base agrícola, com vastas áreas de terras férteis e uma produção agrícola robusta, especialmente na área de grãos e carnes. Além disso, a Argentina possuía um setor industrial em expansão, com investimentos em infraestrutura e um mercado interno crescente.

Atualmente uma das principais questões que a Argentina enfrenta é a alta inflação. A inflação crônica afeta a estabilidade econômica e prejudica a qualidade de vida da população. Além disso, o país também enfrentou períodos de recessão, endividamento excessivo e falta de confiança dos investidores.

Para entendermos essa situação, é importante observar as políticas econômicas adotadas ao longo do tempo. A Argentina passou por diferentes modelos econômicos, desde períodos de protecionismo e intervenção estatal até tentativas de liberalização e abertura econômica.

Nos momentos em que o país adotou medidas protecionistas e intervencionistas, como controle de preços, subsídios e restrições comerciais, os resultados econômicos foram desafiadores. Essas políticas podem criar distorções no mercado, desencorajar investimentos e limitar a concorrência, o que prejudica a eficiência e o desenvolvimento econômico.

Por outro lado, períodos em que a Argentina promoveu reformas voltadas para a abertura econômica e a liberalização mostraram sinais de recuperação e crescimento. A busca individual pelo lucro, a competição e o livre mercado desempenharam um papel importante nesses momentos, incentivando investimentos, impulsionando a produtividade e atraindo capital estrangeiro.

Ao analisarmos a situação da Argentina, vemos como a aplicação adequada dos princípios da "Mão

Invisível" poderia contribuir para o desenvolvimento econômico. A busca individual pelo lucro, orientada pela competição e pela liberdade econômica, pode estimular o empreendedorismo, a inovação e a eficiência, levando a melhores resultados econômicos.

Agora você pode ter chegado à conclusão de que ela realmente puxa o pé de comunistas...

Mas...

Notou um problema em comum nos dois países?

A velha conhecida do Brasil.
Também chamada por Hayek de...

Dragão devorador de riquezas.

DRAGÃO DEVORADOR DE RIQUEZAS

Friedrich Hayek

Era uma vez um país distante, com um povo trabalhador e empreendedor. As pessoas daquele lugar sempre buscavam prosperar, criando novos negócios, inovando e gerando riqueza. Porém, esse país vivia sob a sombra de um dragão feroz, conhecido como o Dragão Devorador de Riquezas.

O Dragão era implacável. Ele se alimentava das riquezas que o povo produzia, crescendo cada vez mais forte e poderoso. À medida que o povo trabalhava duro e criava mais riqueza, o Dragão se aproximava, pronto para devorar tudo.

Nesse país, havia uma figura sábia e perspicaz chamada Friedrich Hayek. Nascido em 1899, na cidade de Viena, na Áustria, Hayek se tornaria uma das figuras mais influentes e controversas do campo da economia e filosofia política.

Desde jovem, Hayek mostrou-se um ávido leitor e estudante. Sua curiosidade incessante o levou a mergulhar em diversas áreas do conhecimento, incluindo filosofia, história, economia e direito. Sua sede por saber era insaciável, e ele se dedicou a explorar as nuances e complexidades dessas disciplinas, buscando entender as interconexões entre elas.

Foi durante seus estudos na Universidade de Viena que Hayek teve a oportunidade de conviver com alguns dos maiores intelectuais da época, como Ludwig von Mises e Karl Popper. Esses encontros seriam fundamentais para moldar seu pensamento e influenciar suas futuras contribuições acadêmicas.

No início de sua carreira, Hayek se destacou como economista. Sua abordagem diferenciada e seu olhar atento para os mecanismos de mercado o colocaram em uma posição única no cenário econômico da época. Hayek acreditava fervorosamente na liberdade individual e na importância de um sistema econômico baseado em trocas voluntárias e livre concorrência.

Uma de suas obras mais célebres, "O Caminho da Servidão", publicada em 1944, trouxe à tona suas preocupações em relação ao planejamento centralizado e aos perigos do coletivismo. Nesse livro, Hayek argumentou que a liberdade individual estava intrinsecamente ligada à prosperidade econômica e que qualquer tentativa de controle estatal sobre a economia inevitavelmente levaria à opressão e à servidão.

Essas ideias colocaram Hayek em oposição direta aos defensores do socialismo e do planejamento central, que estavam em ascensão na Europa pós-Segunda

Guerra Mundial. Seu livro se tornou uma defesa poderosa da economia de mercado e ganhou reconhecimento mundial, consolidando Hayek como uma das vozes mais influentes da escola de pensamento liberal clássica.

Friedrich Hayek faleceu em 1992, aos 92 anos de idade, deixando para trás um legado intelectual duradouro. Sua coragem intelectual e sua busca incessante pela verdade o tornaram uma figura inspiradora para muitos, e suas ideias continuam a influenciar as discussões e debates contemporâneos.

O legado de Hayek não se limita apenas às suas obras e teorias, mas também à sua defesa incansável da liberdade individual e do livre mercado.

Você talvez esteja pensando:
"Mas que papo é esse de dragão?"
"Esse cara era mais louco de Marx?"
E não...
Não existe ninguém mais louco de Marx.

Hayek acreditava que a liberdade individual e a propriedade privada eram fundamentais para o desenvolvimento de uma sociedade próspera. Ele via o estado como um Dragão Devorador de Riquezas.

Imagine uma sociedade em que o Estado exerce um controle excessivo sobre a economia. Esse dragão se alimenta do suor e do trabalho árduo do povo. Cada vez que o governo aumenta os impostos, toma uma parte maior da renda das pessoas, deixando-as com menos recursos para investir em seus negócios e criar empregos. Além disso, o excesso de regulamentações dificultava a criação e a expansão de empresas, limitando a liberdade econômica e sufocando a inovação.

Hayek alertava que, quando o Dragão Devorador de Riquezas crescia, a sociedade como um todo sofria. O aumento dos impostos e das regulamentações fazia com que as pessoas perdessem a motivação para empreender e criar riqueza. Os negócios fechavam, o desemprego aumentava e a qualidade de vida decaía.

Um Exemplo: Vamos olhar para um país fictício chamado Brasanio. Nessa nação, o governo interfere em quase todos os aspectos econômicos, interferindo nos preços, controlando a produção e impondo altos impostos sobre os cidadãos e empresas. Como resultado, as empresas têm dificuldade em prosperar, os investimentos são desencorajados e os empreendedores não têm incentivos para inovar. O dragão devorador de riquezas está se alimentando da liberdade econômica e minando o crescimento e a prosperidade da nação.

Olhando para a história recente, podemos observar como países que adotaram medidas de liberalização econômica conseguiram domar o dragão devorador de riquezas.

E, finalmente, eu posso contar um exemplo que não termina ruim:

O Chile

Na década de 1970, o Chile enfrentava graves problemas econômicos, com altos índices de inflação, uma economia estagnada e um Estado intervencionista que sufocava a livre iniciativa. No entanto, o governo chileno decidiu implementar reformas inspiradas nas ideias de Hayek, conhecidas como "El Milagro Chileno".

Essas reformas incluíram a abertura econômica, a redução de tarifas comerciais, a eliminação de barreiras à entrada de novas empresas, a privatização de empresas estatais e a adoção de políticas monetárias mais responsáveis. O objetivo era criar um ambiente propício para a livre concorrência e o empreendedorismo.

Os resultados foram surpreendentes. A economia chilena experimentou um crescimento acelerado, com uma média de 7% ao ano durante a década de 1980. O país se tornou um dos líderes regionais em termos de desenvolvimento econômico e atraiu investimentos estrangeiros significativos. Setores como mineração, pesca, agricultura e serviços financeiros floresceram, criando empregos e aumentando a renda da população.

Além disso, a pobreza no Chile diminuiu significativamente. Entre 1990 e 2015, a proporção de pessoas vivendo em condições de extrema pobreza caiu de 40% para menos de 10%. A classe média cresceu e a desigualdade de renda foi reduzida. O acesso a serviços básicos, como educação e saúde, também melhorou substancialmente.

O exemplo chileno ilustra como a aplicação dos princípios da economia livre pode transformar uma nação. Ao domar o dragão devorador de riquezas, o Chile abriu caminho para a prosperidade, o desenvolvimento humano e a melhoria da qualidade de vida de seus cidadãos. Esse caso inspirador demonstra como as ideias de Friedrich Hayek podem trazer resultados concretos quando colocadas em prática.

Você deve estar se perguntando:
"Se o governo reduz impostos, como pode oferecer serviços gratuitos?"
E a resposta é...

Não existe almoço grátis.

NÃO EXISTE ALMOÇO GRÁTIS

Milton Friedman

Era uma vez um homem chamado Milton Friedman. Sua história é uma que vale a pena contar, pois através dela podemos aprender valiosas lições sobre economia, liberdade e o poder das ideias.

Milton nasceu em 31 de julho de 1912, em Nova York, nos Estados Unidos. Desde cedo, ele mostrou uma mente afiada e um interesse em matemática e economia. Sua família, embora não fosse abastada, valorizava a educação e encorajava seus filhos a buscar conhecimento.

Friedman ingressou na Universidade Rutgers, onde estudou matemática e economia. Lá, ele se destacou como um aluno brilhante, mas também começou a questionar as teorias econômicas predominantes na época. Ele sentia que a abordagem convencional, baseada em intervenção estatal e planejamento centralizado, não capturava a complexidade e a dinâmica da economia real.

Após concluir seus estudos de graduação, Friedman foi aceito na Universidade de Chicago para fazer seu doutorado em economia. Foi lá que ele teve a oportunidade de estudar com grandes mentes, como

Jacob Viner e Frank Knight, que o influenciaram significativamente.

Durante esse período, Friedman desenvolveu uma visão econômica fundamentada na teoria monetária. Ele acreditava que a oferta de moeda e suas variações tinham um papel crucial na determinação dos níveis de inflação e desemprego de uma economia. Essa visão contrastava com a ideia predominante na época, que enfatizava o controle de preços e salários como forma de estabilizar a economia.

Após obter seu doutorado, Friedman começou a lecionar na Universidade de Chicago. Foi nessa época que a economia mundial enfrentava desafios significativos, incluindo a Grande Depressão e a ascensão do keynesianismo como a teoria econômica dominante.

Você talvez esteja se perguntando:
"O que é keynesianismo?"

O keynesianismo é uma teoria econômica proposta por John Maynard Keynes. Em resumo, essa teoria defende que quando a economia está em recessão, o governo deve aumentar seus gastos, diminuir impostos e/ou reduzir as taxas de juros. Portanto, o keynesianismo é uma abordagem que enfatiza o papel do governo na estabilização e no estímulo da economia.

Friedman acreditava que essa abordagem tinha consequências negativas a longo prazo e poderia levar a ciclos econômicos mais voláteis.

Foi nesse contexto que Friedman desenvolveu sua teoria monetarista. Ele argumentava que a estabilidade econômica poderia ser alcançada por meio do controle estrito da oferta de moeda, mantendo seu crescimento em linha com o crescimento da produção real. Para Friedman, a inflação era fundamentalmente um fenômeno monetário.

Ele defendia que a política monetária deveria ser conduzida de forma previsível e consistente, com um crescimento estável da oferta de moeda. Essa abordagem contrastava com a prática comum na época, em que os bancos centrais frequentemente adotavam medidas discricionárias, ajustando a oferta de moeda de acordo com a conjuntura econômica.

As ideias de Friedman ganharam força ao longo das décadas e influenciaram significativamente as políticas econômicas em todo o mundo. Ele acreditava que o livre mercado era o melhor mecanismo para alocar recursos e estimular o crescimento econômico. Para Friedman, a interferência do governo na economia deveria ser mínima, limitada à proteção dos direitos individuais e à manutenção de um ambiente de concorrência saudável.

Além de suas contribuições teóricas, Friedman também foi um comunicador talentoso. Ele foi capaz de levar ideias complexas ao público em geral por meio de suas palestras, livros e programas de televisão. Seu estilo direto e acessível conquistou a simpatia de muitos, fazendo com que suas ideias fossem amplamente disseminadas.

Em 16 de novembro de 2006, aos 94 anos, Milton Friedman faleceu em São Francisco, deixando para trás um legado impressionante. Sua paixão pela economia, seu compromisso com a liberdade individual e sua abordagem rigorosa continuam a inspirar gerações de estudiosos.

Friedman acreditava que a economia poderia ser uma ferramenta poderosa para melhorar a vida das pessoas, desde que fosse guiada pelos princípios corretos. Sua história é um exemplo de como o pensamento crítico e a perseverança podem moldar o mundo ao nosso redor.

Embora a jornada de Milton Friedman tenha chegado ao fim, *suas ideias permanecem vivas e relevantes.*

E uma de suas principais frases é conhecida como:

"Não Existe almoço grátis"

O conceito de "Não existe almoço grátis" é uma expressão que vai além do contexto literal de almoços gratuitos. Friedman utilizou essa frase para transmitir a ideia de que tudo na vida tem um custo, mesmo que não seja imediatamente aparente. Podemos considerar isso tanto no âmbito econômico quanto em nossas escolhas diárias.

No contexto econômico, Friedman argumentava que não há benefícios sem custos. Quando o governo oferece um serviço "gratuito" para a população, como saúde ou educação, esses benefícios são financiados pelos impostos pagos pelos cidadãos. Nesse sentido, o almoço grátis seria como um presente do governo, mas que é pago indiretamente por todos os contribuintes.

Para compreendermos melhor essa ideia, vamos explorar alguns exemplos concretos. Imagine que o governo decida fornecer transporte público gratuito em uma cidade. A princípio, isso pode parecer uma ótima iniciativa, beneficiando diretamente os cidadãos que agora não precisam pagar pela passagem. No entanto, é importante lembrar que o transporte público não se sustenta por si só. Os ônibus precisam de motoristas, combustível, manutenção e infraestrutura. Esses custos são pagos com recursos públicos, que provêm dos impostos ou de outras fontes de financiamento governamentais.

Portanto, mesmo que um cidadão não pague diretamente pela passagem do ônibus, ele está indiretamente arcando com esse custo através dos impostos que paga. Assim, o "almoço grátis" do transporte público se revela uma ilusão, pois todos acabam pagando por ele de uma forma ou de outra. Além disso, a oferta de transporte público gratuito pode afetar negativamente a eficiência e a qualidade do serviço, uma vez que não há incentivo para melhorias e inovações.

Outro exemplo interessante é o da educação pública gratuita. Muitos países oferecem educação básica e, em alguns casos, até mesmo ensino superior gratuito. Novamente, à primeira vista, isso parece ser uma grande vantagem para os estudantes e suas famílias. No entanto, é importante considerar que a educação também tem custos significativos.

Os professores precisam ser contratados e remunerados, as escolas devem ser mantidas e equipadas, e os materiais didáticos devem ser disponibilizados. Tudo isso demanda recursos financeiros, que geralmente são provenientes dos impostos. Assim, mesmo que um estudante não pague diretamente pela sua educação, ele está indiretamente financiando esse serviço através dos impostos pagos por seus pais, familiares e outras pessoas da sociedade.

Esses exemplos nos mostram que não importa o quão "gratuito" um serviço possa parecer, ele sempre tem um custo, seja direto ou indireto. É importante compreender essa realidade para tomar decisões econômicas mais conscientes e avaliar corretamente as consequências de políticas públicas que aparentam ser benéficas, mas podem ter efeitos indesejados.

A ideia de que não existe almoço grátis também pode ser aplicada em nossas escolhas diárias. Por exemplo, ao receber uma amostra grátis de um produto no supermercado, muitas pessoas podem ser tentadas a comprar o produto em questão. No entanto, essa amostra grátis é uma estratégia de marketing para atrair consumidores e aumentar as vendas. Ao aceitarmos a amostra, podemos estar nos comprometendo a comprar algo que não precisamos ou não queremos, apenas porque nos sentimos obrigados de alguma forma.

Da mesma forma, ao receber um benefício ou favor de alguém, devemos estar cientes de que isso pode criar uma obrigação implícita ou gerar uma expectativa de reciprocidade. É importante avaliar cuidadosamente as consequências e os custos potenciais de aceitar algo aparentemente gratuito.

A frase "Não existe almoço grátis" é uma poderosa lição que nos lembra que tudo tem um custo. Essa mensagem nos incentiva a pensar criticamente sobre as escolhas que fazemos e a considerar as ramificações a longo prazo. Ao entender que não podemos obter algo sem pagar por isso de alguma forma, somos encorajados a tomar decisões mais informadas e a avaliar os benefícios e os custos envolvidos.

Milton Friedman, ao popularizar essa expressão, nos convida a analisar as políticas públicas e a importância de um governo limitado e responsável. Ele argumentava que, ao permitir que as forças do mercado funcionem livremente, podemos alcançar um maior crescimento econômico e uma maior prosperidade para todos.

No entanto, é importante ressaltar que a frase "Não existe almoço grátis" não significa que não devemos ajudar os outros ou que tudo deve ser pago monetariamente. Ao contrário, ela nos encoraja a sermos conscientes das trocas econômicas e a valorizar os recursos limitados que temos disponíveis. Podemos escolher voluntariamente ajudar os outros, mas devemos estar cientes de que essa ajuda tem um custo em termos de tempo, esforço ou recursos.

Agora vamos testar seu conhecimento:

Imagine um dia comum na cidade de Economia. Um ambulante decide oferecer cachorros-quentes gratuitos na praça central para atrair uma grande multidão. As pessoas ficam entusiasmadas e se aproximam para saborear um delicioso lanche sem precisar gastar um centavo sequer.

Pensando como Milton Friedman. Você acreditaria que essa refeição realmente não tem custo?

☐ SIM
☐ NÃO

Se você marcou "NÃO", você acertou. A resposta de Friedman seria categórica: não existe almoço grátis.

Por trás da aparente gratuidade dos cachorros-quentes, o ambulante possui um objetivo oculto. Ele está em busca de reconhecimento e, principalmente, deseja que as pessoas conheçam seus outros produtos, como refrigerantes e batatas fritas. Ao fornecer o alimento sem custo, ele cria um ambiente propício para aumentar suas vendas adicionais. Portanto, embora as pessoas possam desfrutar de um cachorro-quente gratuito naquele momento, elas estarão, indiretamente, pagando pelo almoço por meio da compra de outros itens.

Essa dinâmica é essencial para entendermos a teoria econômica de Friedman. Em seu famoso ensaio "Capitalismo e Liberdade", ele afirmou que o livre mercado é um sistema no qual os indivíduos buscam, primordialmente, maximizar sua própria satisfação. Isso ocorre por meio da troca voluntária de bens e serviços, onde cada parte envolvida tem o poder de decisão e assume as consequências de suas escolhas.

Ao se aprofundar nessa perspectiva, Friedman argumentou que os incentivos são o motor que impulsiona o livre mercado. Se uma pessoa deseja obter algo, ela deve oferecer algo em troca. Essa troca pode ser monetária, como em uma compra comum, ou pode envolver outros tipos de reciprocidade, como o compartilhamento de informações ou a oferta de serviços.

Voltando ao exemplo do ambulante de Economia, ele está oferecendo os cachorros-quentes gratuitos como um incentivo para que as pessoas se interessem por seus outros produtos. Essa estratégia está baseada na premissa de que a maioria das pessoas sentirá a necessidade de retribuir a "gentileza" de uma refeição gratuita, gastando dinheiro em outros itens. Dessa forma, o ambulante obtém um benefício indireto e, em última instância, o almoço não é realmente gratuito para quem acaba pagando pelo produto adicional.

A teoria de Friedman se estende além do simples exemplo dos cachorros-quentes e adentra os meandros da economia global. Ao analisar a questão mais ampla do papel do governo na economia, ele argumentava que qualquer benefício ou serviço oferecido pelo Estado também possui um custo oculto.

Por exemplo, consideremos um programa governamental que fornece educação gratuita para todos os cidadãos. À primeira vista, isso parece um enorme benefício para a sociedade, mas Friedman apontaria para os custos associados a essa aparente gratuidade. A educação não é realmente gratuita; ela é financiada por impostos pagos pelos cidadãos.

Nesse caso, Friedman defendia que os incentivos distorcidos criados pela gratuidade da educação poderiam levar a um desperdício de recursos e à falta de responsabilidade tanto dos alunos quanto das instituições educacionais. Sem a clara noção de que a educação possui um custo, as pessoas podem não valorizar adequadamente os serviços oferecidos e não se esforçar para obter o máximo benefício desse recurso escasso.

Agora vamos para mais um país exemplar:

A ilha que muitos socialistas afirmam sonhar em morar:

(mas que poucos realmente irão)

(e a maioria que foi voltará)

Cuba

A ilha caribenha tem sido frequentemente associada ao socialismo e a um sistema de saúde e educação "gratuitos" para todos os cidadãos. No entanto, ao examinar mais de perto a realidade cubana, podemos identificar os custos ocultos por trás desses benefícios aparentemente gratuitos.

Cuba é conhecida por seu sistema de saúde público, que oferece serviços médicos gratuitos para os cidadãos. À primeira vista, isso pode parecer uma conquista notável, proporcionando acesso universal à assistência médica sem custo direto para os pacientes.

No entanto, a expressão "Não existe almoço grátis" nos leva a considerar as implicações econômicas e sociais dessa aparente gratuidade.

Embora os serviços de saúde sejam disponibilizados sem pagamento imediato, eles são financiados por meio de altos impostos e pelo controle estatal sobre a economia. Os cidadãos cubanos pagam uma parcela significativa de sua renda em impostos para sustentar o sistema de saúde e outros benefícios sociais oferecidos pelo governo. Além disso, o acesso a medicamentos e tratamentos pode ser limitado devido à escassez de recursos e à falta de investimentos adequados na infraestrutura de saúde.

Baseado nos capítulos anteriores, tente adivinhar o motivo dessa escassez:

Exato...

A falta de incentivos econômicos e oportunidades para o empreendedorismo sufocou a inovação e a criação de novos negócios em Cuba. A iniciativa individual e a capacidade de tomar decisões econômicas com base nos próprios interesses foram severamente limitadas, resultando em uma economia estagnada e dependente de subsídios estatais.

Outro exemplo em Cuba é o sistema educacional. O país tem alcançado altos índices de alfabetização e oferece educação gratuita para todos os cidadãos, desde o ensino básico até o ensino superior. Essa política aparentemente generosa é frequentemente citada como um sucesso do sistema socialista cubano. No entanto, ao aplicar a lente de "Não existe almoço grátis", podemos entender melhor os custos associados a essa educação "gratuita".

A educação em Cuba é financiada pelo Estado, ou seja, pelo dinheiro dos contribuintes cubanos. Embora os estudantes não paguem diretamente pelos serviços educacionais, eles estão indiretamente contribuindo para o financiamento do sistema por meio de impostos e outras formas de tributação. Além disso, a qualidade da educação em Cuba tem sido frequentemente questionada, com relatos de infraestrutura precária, falta de recursos e limitações no acesso a informações e perspectivas diversas.

Acha que assim já está ruim?
No socialismo tudo pode piorar

Quer um exemplo prático e real que ilustra perfeitamente a lição de Milton Friedman sobre a inexistência do almoço grátis?

A Caderneta de Alimentação cubana.

Esse sistema foi implementado em Cuba na década de 1960 e continua ativo até hoje. Ele fornece uma cota mensal de alimentos básicos subsidiados pelo Estado a cada cidadão cubano. Essa medida foi inicialmente adotada para combater a escassez e garantir o acesso mínimo a alimentos essenciais para a população.

À primeira vista, esse sistema pode parecer uma solução generosa, uma vez que garante a todos os cubanos o acesso a alimentos básicos sem que precisem gastar dinheiro. No entanto, quando analisamos mais de perto, começamos a entender as implicações e os custos ocultos por trás dessa aparente gratuidade.

A quantidade e a variedade de alimentos disponíveis na Caderneta de Alimentação são limitadas. A cota mensal é calculada de acordo com a idade, o sexo e outras variáveis demográficas, e geralmente inclui itens básicos como arroz, feijão, açúcar, óleo vegetal e pão. Porém, esses suprimentos frequentemente não são suficientes para suprir as necessidades nutricionais básicas de uma pessoa.

Como resultado, os cubanos são obrigados a complementar sua alimentação por meio de compras no mercado paralelo, onde os preços são determinados pelas leis de oferta e demanda, sem a intervenção do governo. Essa situação gera uma dualidade alimentar na sociedade cubana, onde aqueles com acesso a recursos financeiros (normalmente vindos do governo ou do exterior) podem comprar alimentos de melhor qualidade e variedade, enquanto os que dependem exclusivamente da Caderneta de Alimentação (a maior parte do povo) enfrentam dificuldades para garantir uma dieta adequada.

Além disso, a Caderneta de Alimentação cubana não é realmente gratuita. Embora os cidadãos não precisem pagar diretamente pelos alimentos que recebem, o sistema é financiado por meio dos impostos e da redistribuição de recursos pelo Estado. Isso significa que todos os cubanos contribuem para o financiamento dessa cota mensal, independentemente de sua capacidade ou desejo de fazê-lo.

Esses exemplos em Cuba demonstram como a expressão de Milton Friedman, "Não existe almoço grátis", se aplica na prática. Embora esses serviços sejam fornecidos sem custo imediato para os cidadãos, eles são sustentados por meio de impostos elevados e restrições econômicas. Esses custos ocultos podem afetar a qualidade e a disponibilidade desses serviços, além de limitar as oportunidades econômicas e o desenvolvimento individual.

Após saber disso você talvez se pergunte:

"Como ainda existem pessoas querendo morar em Cuba"

E uma das respostas é:

A ilusão da água mais profunda.

A ILUSÃO DA ÁGUA MAIS PROFUNDA

Ludwig von Mises

Era uma vez um homem chamado Ludwig von Mises, um dos mais influentes economistas do século XX. Nascido em 29 de setembro de 1881, em Lemberg, então parte do Império Austro-Húngaro (hoje conhecida como Lviv, na Ucrânia), Mises dedicou sua vida ao estudo da economia e à defesa da liberdade individual.

Desde jovem, Mises mostrou interesse pelo campo da economia. Ele estudou na Universidade de Viena, onde teve a oportunidade de aprender com grandes mestres, como Carl Menger e Eugen von Böhm-Bawerk. Foi durante esse período que ele desenvolveu sua compreensão única dos princípios econômicos e começou a formar suas ideias revolucionárias.

Mises acreditava que a economia não era apenas uma ciência abstrata, mas sim uma disciplina que tratava das ações humanas e de suas consequências. Ele argumentava que a ação humana é o motor da economia e que as pessoas agem sempre com o objetivo de melhorar suas condições de vida.

Segundo Mises, as pessoas fazem escolhas racionais com base em suas preferências e conhecimentos disponíveis. Ele chamou esse princípio de "praxeologia", que é o estudo da lógica da ação humana. Mises explicava que, para entender a economia, é necessário compreender como as pessoas tomam decisões e como essas decisões afetam o mundo ao seu redor.

Por exemplo, imagine uma pessoa que está com sede e tem duas opções: comprar uma garrafa de água ou um refrigerante. Ela avalia suas preferências pessoais, o preço dos produtos, sua renda disponível e outros fatores relevantes antes de fazer uma escolha. Essa simples decisão individual tem implicações econômicas, como a demanda por água e refrigerante, os preços desses produtos e os lucros das empresas que os produzem.

Um dos conceitos centrais defendidos por Mises é o cálculo econômico. Ele argumentava que, em uma economia de mercado baseada na propriedade privada dos meios de produção, o cálculo econômico é essencial para a alocação eficiente dos recursos.

Mises explicava que, em uma economia de mercado, os preços desempenham um papel fundamental ao fornecer informações sobre a escassez relativa de bens e recursos. Os preços refletem a oferta e a demanda, permitindo que as pessoas tomem decisões informadas sobre como utilizar seus recursos.

Para ilustrar esse conceito, vamos considerar um exemplo atual. Suponha que há uma alta demanda por veículos elétricos devido às preocupações com o meio ambiente. Os preços dos carros elétricos aumentam devido à maior demanda e à escassez de recursos necessários para produzi-los, como baterias de íons de lítio. Esses preços mais altos incentivam as empresas a investirem na produção de carros elétricos e os consumidores a considerarem alternativas mais sustentáveis. O cálculo econômico permite que as pessoas ponderem essas decisões com base nas informações fornecidas pelos preços.

Um dos aspectos mais conhecidos do trabalho de Mises é sua crítica ao socialismo. Ele argumentava que a ausência de propriedade privada dos meios de produção e a falta de um sistema de preços livremente determinados levariam a uma alocação ineficiente dos recursos e à impossibilidade de realizar o cálculo econômico.

Mises afirmava que, sem a propriedade privada e a livre troca de bens e serviços, não haveria incentivos adequados para a produção eficiente. Sem os preços de mercado, seria impossível saber o valor relativo dos bens e recursos, o que levaria a decisões errôneas e a um desperdício de recursos.

Um exemplo contemporâneo desse princípio é observado em algumas economias planejadas ou controladas pelo Estado, como por exemplo Cuba, onde os preços são fixados arbitrariamente pelas autoridades governamentais. Essa intervenção estatal muitas vezes resulta em escassez de produtos básicos, como alimentos ou combustíveis, porque os preços não podem se ajustar às condições de oferta e demanda. A crítica de Mises ao socialismo é um lembrete importante de que o mercado livre e os preços determinados pela interação voluntária são fundamentais para a eficiência econômica.

Além de suas contribuições para a economia, Mises também foi um defensor ardente da liberdade individual. Ele argumentava que a liberdade econômica era inseparável da liberdade política e que qualquer forma de intervenção estatal na economia acabaria minando os direitos individuais.

Mises acreditava que a ação humana livre, baseada no respeito à propriedade privada e na não agressão, era a base para uma sociedade próspera e pacífica. Ele se opunha ao planejamento centralizado e defendia a descentralização do poder, permitindo que os indivíduos tomassem decisões autônomas sobre como utilizar seus recursos.

Um exemplo atual que ilustra a importância da liberdade individual é o debate em torno da regulação governamental na economia digital. Alguns argumentam que o governo deve intervir para controlar empresas de tecnologia, enquanto outros defendem a liberdade de empreender e inovar sem interferência excessiva. O trabalho de Mises nos lembra que a liberdade individual é um princípio essencial para o florescimento humano e o progresso econômico.

Ao longo de sua vida, Ludwig von Mises influenciou profundamente o pensamento econômico e político. Suas ideias revolucionárias ainda são discutidas e estudadas até os dias de hoje.

Mises dedicou-se a defender a economia de mercado, a liberdade individual e a importância do cálculo econômico. Seu trabalho serviu como um farol para aqueles que acreditam na primazia da ação humana, na liberdade econômica e na valorização da propriedade privada.

Mesmo após sua morte em 10 de outubro de 1973, o legado de Ludwig von Mises continua vivo. Seus ensinamentos nos lembram que a economia não é apenas um campo abstrato, mas uma disciplina que afeta diretamente a vida das pessoas. Através de seus escritos, ele nos convida a refletir sobre a importância da liberdade individual, da propriedade privada e do cálculo econômico para o progresso humano e a prosperidade duradoura.

Uma das obras mais influentes de Mises é intitulada "Ação Humana: Um Tratado de Economia", publicada originalmente em 1949. Nessa obra, Mises explora uma variedade de tópicos relacionados à economia, mas há um conceito em particular que merece nossa atenção:

A Ilusão da Água Mais Profunda.

A ilusão da água mais profunda é um fenômeno econômico que ocorre quando as pessoas são levadas a acreditar que há uma abundância de recursos disponíveis, quando na verdade esses recursos são escassos. Essa ilusão surge devido a uma série de fatores, como políticas governamentais equivocadas, má alocação de recursos e o engano causado pela inflação.

Imagine que você está em uma ilha tropical, com praias de areias brancas e águas cristalinas. Na superfície, a ilha parece um paraíso, mas há um segredo oculto sob as ondas: uma grave escassez de água potável. As pessoas da ilha, no entanto, não estão cientes dessa escassez e continuam a utilizar a água como se não houvesse um limite para sua disponibilidade.

Na economia, algo semelhante acontece. Quando os recursos são mal alocados e as políticas governamentais não levam em conta a escassez desses recursos, cria-se a ilusão de que eles são abundantes. Por exemplo, um governo pode subsidiar o preço da água, fazendo com que as pessoas acreditem que ela é infinita e disponível em grande quantidade. No entanto, essa percepção é uma ilusão.

Assim como na ilha, onde a água é escassa, na economia há uma quantidade limitada de recursos. Se esses recursos forem utilizados de forma inadequada, haverá consequências negativas. A escassez de recursos pode levar a um aumento dos preços, uma vez que a demanda excede a oferta disponível. Essa falta de percepção da realidade pode resultar em desperdício, inflação e desequilíbrios econômicos.

Um exemplo atual e real da ilusão da água mais profunda pode ser observado no setor imobiliário de algumas cidades em rápido crescimento. Quando há uma demanda crescente por moradias e o mercado imobiliário é aquecido, as pessoas tendem a acreditar que há uma oferta infinita de imóveis disponíveis. No entanto, essa percepção é ilusória.

Construtores e investidores podem ser levados a acreditar que sempre haverá compradores para seus imóveis, o que os leva a investir em projetos em grande escala. No entanto, quando a demanda diminui ou a oferta supera a procura, ocorre uma crise imobiliária. Os preços despencam, as construções ficam vazias e o mercado enfrenta uma recessão. A ilusão da água mais profunda é revelada.

A ilusão da água mais profunda também pode ser observada nas políticas governamentais que promovem o consumo excessivo de recursos naturais, como a água e os combustíveis fósseis. Quando os governos subsidiam esses recursos, como acontece em alguns países, as pessoas podem acreditar que eles são inesgotáveis. No entanto, a realidade é bem diferente.

A falta de percepção da escassez dos recursos naturais pode levar a uma exploração descontrolada e ao esgotamento desses recursos. Por exemplo, em algumas regiões do mundo, o uso excessivo de água para irrigação agrícola tem levado à diminuição dos lençóis freáticos e à desertificação. Essa ilusão da água mais profunda tem um custo ambiental e econômico significativo.

Você talvez esteja se perguntando:

"Como evitar cair na ilusão da água mais profunda?"

Ludwig von Mises e a Escola Austríaca de Economia têm algumas respostas. Em primeiro lugar, é fundamental compreender a natureza dos recursos escassos e reconhecer que eles possuem um valor econômico. Em segundo lugar, é necessário permitir que os preços dos recursos sejam determinados livremente pelo mercado, refletindo sua escassez e demanda.

Quando os preços são livres de interferências governamentais, eles desempenham um papel crucial na alocação eficiente dos recursos. Se um recurso se torna escasso, seu preço aumenta, incentivando as pessoas a usá-lo com mais parcimônia e a buscar alternativas. Por outro lado, se um recurso se torna abundante, seu preço diminui, estimulando seu uso e até mesmo o desenvolvimento de tecnologias mais eficientes.

Vamos voltar à nossa ilha tropical para ilustrar como a alocação eficiente dos recursos pode ser alcançada. Suponha que os moradores da ilha se tornem conscientes da escassez de água potável e decidam adotar um sistema de preços para alocar os recursos de forma eficiente. Nesse sistema, a água potável teria um preço que refletisse sua escassez e demanda.

Com o preço adequado, as pessoas seriam incentivadas a usar a água com mais cuidado, evitando desperdícios e promovendo a conservação. Além disso, o preço mais alto da água potável incentivaria o desenvolvimento de tecnologias de dessalinização, capazes de tornar a água do mar potável. Dessa forma, a escassez seria enfrentada de maneira mais eficiente e sustentável.

Se você sentiu falta dos exemplos práticos, aqui vão alguns:

Começando pela nossa queridinha, A Venezuela:

Novamente a Venezuela é um exemplo contemporâneo de como a ilusão da água mais profunda pode afetar a economia de um país. Políticas econômicas desastrosas, como a impressão desenfreada de dinheiro, levaram a uma hiperinflação sem precedentes. O governo venezuelano acreditava que poderia simplesmente imprimir mais dinheiro para financiar seus gastos, ignorando a escassez real de recursos e a necessidade de uma política monetária responsável. O resultado foi o colapso econômico, uma queda dramática na qualidade de vida e uma crise humanitária em curso. Não iremos nos aprofundas muito, pois essa crise já foi detalhada nos capítulos anteriores.

Agora, um exemplo que você provavelmente não lembrava:

A crise econômica na Grécia

Lar dos antigos filósofos, berço da democracia e dona de uma rica cultura, a Grécia enfrentou tempos difíceis durante a crise econômica que assolou o país no início do século XXI.

Para entendermos a crise grega, precisamos voltar um pouco no tempo. A Grécia, assim como muitos outros países europeus, adotou o euro como sua moeda em 2001. Essa decisão trouxe uma série de benefícios, como a eliminação das flutuações cambiais e a facilitação do comércio dentro da União Europeia. No entanto, também criou uma armadilha financeira para os países que não conseguiram controlar suas despesas públicas de maneira responsável.

Ao longo dos anos, o governo grego gastou mais do que arrecadava, acumulando uma dívida cada vez maior. Para manter as aparências, o país recorreu a práticas questionáveis, como manipular estatísticas para apresentar números mais favoráveis e ocultar a verdadeira dimensão de sua crise financeira. Enquanto isso, os bancos estrangeiros forneciam empréstimos generosos, sem perceberem que estavam navegando em águas perigosas.

Essa ilusão da água mais profunda durou até que a verdade finalmente emergiu. Em 2009, um novo governo assumiu o poder e revelou o verdadeiro estado das finanças gregas. A dívida pública era muito maior do que se imaginava, e o país estava à beira do colapso econômico. Os mercados reagiram imediatamente, e os juros dos títulos gregos dispararam, dificultando ainda mais a situação financeira do país.

Implementar medidas de austeridade significava cortar gastos sociais, aumentar impostos e impor restrições ao crédito, o que causaria sofrimento à população grega. Protestos e greves se espalharam pelo país, e a crise social se agravou ainda mais.

Apesar das dificuldades enfrentadas pelo povo grego, alguns argumentavam que as ideias de Mises poderiam trazer benefícios a longo prazo. Segundo eles, era necessário um ajuste doloroso para corrigir os erros do passado e estabelecer as bases de uma economia sólida. Afinal, a água mais profunda não pode ser construída sobre uma ilusão.

Enquanto a Grécia lutava para se recuperar, outros países europeus também enfrentavam problemas econômicos. A crise grega se transformou em uma crise da zona do euro, abalando a confiança dos investidores e gerando incertezas sobre o futuro da moeda comum europeia.

Diante dessa situação, os líderes europeus tiveram que intervir para evitar um colapso ainda maior. Foram criados planos de resgate financeiro, envolvendo bilhões de euros, para ajudar a Grécia a pagar suas dívidas e evitar a bancarrota. No entanto, essas medidas não resolveram os problemas fundamentais da economia grega e geraram debates acalorados sobre o papel do Estado na gestão da crise.

Apesar de todas as intervenções e debates, a Grécia ainda enfrenta desafios econômicos e sociais significativos. A crise deixou cicatrizes profundas no país, com altas taxas de desemprego, queda na renda familiar e um sistema de bem-estar social sobrecarregado. A recuperação tem sido lenta e difícil, e a ilusão da água mais profunda continua a assombrar a nação grega.

Um exemplo clássico que pode ajudar a compreender melhor a ilusão da água mais profunda é a obra:

Água e diamantes

Escrita por um dos mestres de Mises.

ÁGUA E DIAMANTES

Carl Menger

Era uma vez, em uma época não muito distante, um homem chamado Carl Menger. Nascido em 23 de fevereiro de 1840, em Neu-Sandec, na Galícia, então parte do Império Austro-Húngaro, Menger viria a se tornar uma das figuras mais influentes na história do pensamento econômico. Seus insights e ideias revolucionaram a maneira como entendemos o funcionamento da economia.

A história de Carl Menger começa em um cenário turbulento. A Europa do século XIX estava passando por grandes transformações, com a industrialização em pleno vapor e o surgimento de novas formas de produção e troca. Nesse contexto, Menger emergiu como uma das vozes mais proeminentes da Escola Austríaca de Economia, que buscava compreender os princípios fundamentais que regiam o sistema econômico.

Desde muito jovem, Menger mostrou grande interesse pela economia. Ele estudou Direito na Universidade de Viena, mas logo se interessou pelos estudos econômicos e começou a frequentar as aulas de economia de Lorenz von Stein. Foi sob a orientação de Stein que Menger começou a desenvolver suas próprias teorias e conceitos, que viriam a ter um impacto duradouro no campo da economia.

O primeiro trabalho notável de Menger foi o livro "Princípios de Economia Política", publicado em 1871. Nessa obra, ele apresentou sua teoria do valor, que desafiava as concepções predominantes até então. Menger argumentava que o valor de um bem não estava intrinsecamente ligado às suas características físicas, mas sim à utilidade que ele proporcionava aos indivíduos. Em outras palavras, o valor de um bem era subjetivo e dependia das preferências e necessidades dos consumidores.

Essa ideia revolucionária abriu caminho para uma nova abordagem na economia, conhecida como escola subjetiva do valor. Menger propôs que os preços dos bens eram determinados pela interação entre a oferta e a demanda no mercado. Ele argumentou que os indivíduos avaliavam diferentes bens com base em sua utilidade marginal, ou seja, na satisfação adicional que cada unidade de bem proporcionava. Assim, os preços refletiam a avaliação subjetiva dos consumidores e a disponibilidade de bens no mercado.

Além disso, Menger destacou a importância dos empreendedores no processo econômico. Segundo ele, eram os empreendedores que identificavam oportunidades de lucro, combinando recursos escassos de maneira inovadora para atender às necessidades dos consumidores. Os empreendedores desempenhavam um papel crucial na alocação eficiente dos recursos, impulsionando o progresso econômico e a prosperidade.

As ideias de Menger foram recebidas com entusiasmo por outros economistas da época, e sua influência se espalhou rapidamente. Ele fundou a Escola Austríaca de Economia, que contava com outros proeminentes pensadores, como Eugen von Böhm-Bawerk e Friedrich von Wieser. Juntos, eles aprofundaram e expandiram as teorias de Menger, desenvolvendo uma abordagem abrangente para o estudo da economia.

Uma das contribuições mais importantes de Menger foi sua teoria do capital. Ele argumentou que o capital não era simplesmente um estoque de bens físicos, mas sim uma combinação de fatores de produção que eram direcionados para a criação de valor. Menger enfatizou a importância do conhecimento e das habilidades empreendedoras na geração de riqueza. Para ele, o capital era um processo dinâmico, no qual os empreendedores aplicavam seu conhecimento para criar novos produtos e melhorar a eficiência da produção.

Carl Menger faleceu em 26 de fevereiro de 1921, deixando para trás um impressionante corpo de trabalho que continua a influenciar gerações de economistas.

No entanto, a influência de Menger não se restringiu apenas à economia. Suas ideias também tiveram impacto na filosofia, sociologia e ciências políticas. Seu foco na ação humana e na importância da liberdade individual influenciou pensadores como Ludwig von Mises e Friedrich Hayek, que posteriormente se tornaram figuras centrais na defesa do liberalismo econômico.

Durante sua vida, Menger se dedicava a escrever e a ensinar, consolidando seu legado como um dos principais pensadores da economia. Sua abordagem subjetiva e individualista revolucionou o campo, desafiando as teorias dominantes da época e oferecendo uma nova maneira de entender o funcionamento da economia.

Uma das mais famosas teses de Menger foi:

A crítica a teoria do valor trabalho.

Caso ainda não conheça, aqui vai uma explicação breve:
Essa teoria afirmava que o valor de um bem era determinado pela quantidade de trabalho necessário para produzi-lo. É surpreendente pensar que essa teoria foi amplamente aceita no passado, mas foi exatamente isso que ocorreu.

Obviamente, Menger criticava essa teoria.

Menger argumentou que o valor não é uma característica inerente aos objetos, mas sim uma percepção subjetiva que varia de acordo com as preferências individuais.

Vamos explorar essa crítica com um exemplo simples. Suponha que você esteja em uma exposição de arte e se depara com duas pinturas: uma é uma bela paisagem pintada com detalhes minuciosos, enquanto a outra é um quadro abstrato com cores vibrantes. De acordo com a teoria do valor-trabalho, a pintura detalhada seria mais valiosa porque exigiu mais tempo e esforço para ser produzida.

No entanto, Menger nos mostra que o valor não é determinado apenas pelo trabalho necessário para produzir algo, mas sim pela utilidade que as pessoas atribuem a esse algo. Para algumas pessoas, a pintura detalhada pode ser mais valiosa, pois apreciam a atenção aos detalhes e a habilidade do artista. Para outras, a pintura abstrata pode ser mais valiosa, pois desperta emoções e estimula a imaginação.

Essa perspectiva subjetiva do valor leva a compreender que diferentes pessoas têm diferentes preferências e, portanto, valorizam os bens de maneiras distintas. O valor não é algo objetivo e mensurável, mas sim algo que é percebido individualmente.

Com essa crítica ao valor-trabalho, Menger nos ensina a considerar a subjetividade do valor e a entender que as preferências individuais e as escolhas dos consumidores desempenham um papel fundamental na determinação dos preços e no funcionamento da economia.

Talvez esteja se questionando:

"Isso significa que o trabalhador não tem tanta importância?"
Não...

Bem, vamos analisar essa questão de forma clara e objetiva. A crítica de Menger ao valor-trabalho não nega a importância do trabalho e dos trabalhadores na economia. Na verdade, Menger reconhece a contribuição valiosa do trabalho na produção de bens e serviços.

No entanto, o ponto central da crítica de Menger é que o valor de um bem não é determinado apenas pelo trabalho necessário para produzi-lo. Existem outros fatores, como a utilidade marginal e a escassez relativa, que influenciam a percepção de valor de um bem.

"Isso significa que o a lenda do empreendedor explorador é falsa?"
É resposta é...

Não necessariamente

Voltamos na mão invisível de Adam Smith. Assim como o empreendedor busca seus interesses ao contratar um funcionário, o funcionário busca seus interesses ao ser contratado. Podemos dizer que é uma relação de troca em duas vias.

Dito isso, Menger nos lembra que os empreendedores desempenham um papel essencial na economia. Eles são os responsáveis por identificar as necessidades e desejos das pessoas e criar soluções inovadoras para atendê-las.

Agora, vamos ao que interessa:
Água e Diamantes

Para começar essa jornada, é necessário entender o conceito de valor. Valor é o quão desejável um bem é para satisfazer nossas necessidades e desejos. Menger percebeu que o valor não está intrinsecamente presente nos objetos, mas sim na mente das pessoas. Em outras palavras, o valor é subjetivo.

Imagine que você esteja em um deserto, sentindo uma sede avassaladora. Nesse momento, a água se torna o bem mais valioso para você. O valor da água aumenta porque ela é indispensável para sua sobrevivência. Por outro lado, pense em uma situação em que você já tenha água em abundância. Nesse caso, a água perde seu valor, pois você já tem o suficiente para suas necessidades básicas.

Menger desenvolveu o conceito de utilidade marginal, que é a satisfação adicional que obtemos ao consumir uma unidade adicional de um bem. A utilidade marginal diminui à medida que consumimos mais unidades do mesmo bem. Por exemplo, a primeira xícara de água que você bebe em um dia quente de verão traz um alívio imenso para sua sede.

No entanto, a segunda xícara de água já não proporcionará o mesmo grau de satisfação. A utilidade marginal diminui.

Você talvez se pergunte:

> "Como exatamente esse conceito se relaciona com a teoria do valor?"

Imagine-se em uma situação na qual você está no meio de um deserto escaldante, com a boca seca e uma sede incontrolável. Nesse momento, a água se torna o bem mais valioso para você. Por quê? Simplesmente porque ela é fundamental para a sua sobrevivência! A utilidade marginal da água aumenta dramaticamente e junto com ela, seu valor.

No entanto, vamos imaginar outra situação: você já tem água em abundância, com fontes acessíveis e frescas ao seu redor. Nesse caso, a água perde seu valor, pois não é mais escassa para você. Sua utilidade marginal diminui, afinal, você já está acostumado a beber o suficiente para suprir suas necessidades básicas.

Menger argumentou que o valor de um bem é determinado pela sua utilidade marginal e pela escassez relativa. A utilidade marginal já foi discutida anteriormente. Agora, vamos falar sobre a escassez relativa, um elemento crucial na teoria do valor.

Escassez relativa, significa que um bem é considerado escasso se não estiver disponível em quantidade suficiente para satisfazer todas as necessidades e desejos das pessoas. Se algo é escasso, torna-se mais valioso, pois as pessoas estão dispostas a pagar mais por isso.

Vamos voltar aos diamantes. Os diamantes são considerados bens de luxo porque são relativamente raros. A maioria das pessoas não precisa de diamantes para sua sobrevivência básica, então eles têm uma utilidade marginal menor em comparação com a água. No entanto, devido à sua escassez relativa, os diamantes têm um alto valor no mercado. Por outro lado, a água, embora seja essencial para a vida, é abundante e facilmente acessível em muitas partes do mundo, o que reduz seu valor relativo.

Você pode estar se perguntando:

Então valor e preço são a mesma coisa? E a resposta é...

Valor e preço são conceitos diferentes, mas relacionados

O valor é algo subjetivo, está relacionado à importância que damos a um bem ou serviço com base em nossas necessidades e desejos. Em outras palavras, o valor é o quanto algo é desejável para nós.

Já o preço normalmente está relacionado ao valor atribuído a um bem ou serviço no mercado, ou seja, o quanto as pessoas estão dispostas a pagar por ele.

Menger argumentou que as trocas ocorrem quando duas pessoas reconhecem que cada uma possui um bem que tem um valor maior para a outra pessoa.

Vamos supor que você tenha uma garrafa de água e encontre alguém que tenha um diamante. Para a pessoa que você encontrou, a água tem um valor maior, já que ele está sedento. Para você, o diamante tem um valor maior, pois é mais escasso e tem uma utilidade marginal maior. Portanto, vocês podem chegar a um acordo e realizar uma troca voluntária.

"Como isso se aplica a precificação"

Menger argumentou que o preço de um bem é determinado pela interação entre a oferta e a demanda. A oferta se refere à quantidade de um bem disponível no mercado, enquanto a demanda se refere à quantidade que as pessoas estão dispostas a comprar.

Se a demanda por um bem é alta e a oferta é baixa, o preço tende a subir, porque as pessoas estão dispostas a pagar mais por algo que é escasso. Por outro lado, se a demanda é baixa e a oferta é alta, o preço tende a cair, porque as pessoas não estão dispostas a pagar muito por algo que é abundante.

Para exemplificar melhor, vamos imaginar uma situação em que você mora em um local onde há água potável em abundância. Agora, suponha que uma distribuidora de água decida vender apenas 1 ml de água por 1 real. Isso significa que se você quisesse comprar uma garrafa de 500 ml, teria que desembolsar 500 reais. A menos que ocorresse um ataque do dragão devorador de riquezas afetando drasticamente o valor do dinheiro, é improvável que alguém estivesse disposto a pagar um preço tão alto por ml de água.

Nesse cenário, é provável que essa distribuidora enfrentasse grandes dificuldades financeiras, pois as pessoas não estariam dispostas a comprar água a esse preço exorbitante. Então, a menos que a distribuidora ajuste o preço para um valor que seja aceitável para o mercado, ela corre o risco de decretar falência.

Vamos finalizar esse capítulo com um último exemplo:

Imagine que você tem um objeto quebrado, como um relógio antigo que pertencia ao seu avô. Esse relógio possui um valor sentimental para você, pois traz memórias e história de sua família. No entanto, ele está danificado e não está funcionando corretamente.

Nesse caso, você tem algumas opções. Uma delas é descartar o relógio quebrado e comprar um novo. No entanto, se você considerar o valor sentimental do objeto, essa opção pode não ser a mais adequada.

Outra opção é levar o relógio a um profissional de consertos. Nesse caso, você está reconhecendo o valor do objeto e decidindo investir recursos (tempo e dinheiro) para restaurá-lo. Aqui, entra em jogo a utilidade marginal e a escassez relativa.

Tente pensar:

> Qual seria a utilidade marginal?

A utilidade marginal está relacionada à satisfação adicional que você obterá ao consertar o relógio e tê-lo funcionado novamente. Afinal, você poderá desfrutar das lembranças associadas a ele e talvez até usá-lo no dia a dia. Essa utilidade marginal diminui conforme você se acostuma com isso.

> E qual seria a escassez relativa?

Quanto à escassez relativa, ela está relacionada à disponibilidade de recursos para consertar o relógio. Pode ser que você precise encontrar um profissional habilidoso e experiente, que possua as peças necessárias e que esteja disposto a consertar o relógio. Se esse tipo de profissional ou as peças necessárias forem escassos em sua região, isso pode influenciar o valor do conserto e torná-lo mais caro.

Na prática...

Ao decidir consertar o relógio, você está envolvido em uma troca. Você está disposto a abrir mão de recursos (tempo e dinheiro) para restaurar o objeto, reconhecendo seu valor e utilidade para você. O profissional de consertos, por sua vez, está disposto a fornecer seus serviços em troca de uma compensação financeira.

Nesse exemplo, podemos ver como os princípios econômicos de valor, trocas e precificação se aplicam ao ato de consertar um relógio.

Porém...
Você já parou para pensar qual o impacto econômico causado pela destruição e pelo conserto?
A resposta pode ser...

A janela quebrada.

A JANELA QUEBRADA

Frédéric Bastiat

Era uma vez, em uma pequena cidade no sudoeste da França, um homem chamado Frédéric Bastiat. Nascido em 1801, Bastiat se tornaria uma das figuras mais influentes na história do pensamento econômico. Sua paixão por entender os princípios que governam a sociedade e o comércio o levou a explorar ideias inovadoras e a se tornar um defensor ardente do livre mercado e do liberalismo econômico.

A infância de Bastiat foi marcada pela tragédia. Órfão aos nove anos, ele foi criado por sua avó, que o ensinou sobre os valores da honestidade, trabalho árduo e autodeterminação. Esses princípios fundamentais o guiariam ao longo de sua vida e seriam a base de suas contribuições para a ciência econômica.

Aos dezoito anos, Bastiat mudou-se para a cidade de Bayonne, onde começou a trabalhar no negócio de sua família, o comércio de exportação de vinhos. Essa experiência prática de lidar com transações comerciais e observar as forças de oferta e demanda em ação seria crucial para a sua compreensão da economia.

No entanto, o destino reservava algo mais para Bastiat. Em 1825, ele foi eleito para servir como deputado na Assembleia Nacional Francesa. Essa posição política o expôs a debates sobre questões econômicas e sociais e lhe deu uma plataforma para expressar suas ideias. Durante seu mandato, Bastiat testemunhou em primeira mão os efeitos das políticas protecionistas e regulamentações excessivas sobre o comércio e a liberdade individual.

Foi nesse contexto que Bastiat começou a escrever. Sua primeira obra de destaque, "A Lei", publicada em 1850, é uma exploração eloquente sobre os limites apropriados do poder governamental. Bastiat argumentou que a função da lei deveria ser proteger os direitos individuais e a propriedade, e não ser usada como uma ferramenta de redistribuição de riqueza ou controle excessivo da economia. Essa obra seminal ainda é lida e estudada por economistas e filósofos políticos até os dias de hoje.

Além de "A Lei", Bastiat escreveu uma série de ensaios que abordavam diversos aspectos da economia e da política. Ele desenvolveu o conceito de "o que se vê e o que não se vê" para ilustrar as consequências invisíveis das políticas governamentais. Por exemplo, quando o governo impõe tarifas sobre as importações, o que se vê são os empregos protegidos e as indústrias nacionais fortalecidas. No entanto, o que não se vê são os empregos perdidos em outras áreas da economia devido ao aumento do custo dos produtos importados e a impossibilidade de consumir mais com menos recursos.

Bastiat também explorou a natureza do comércio internacional e a importância da cooperação pacífica entre as nações. Ele argumentou que o livre comércio beneficia todas as partes envolvidas, pois permite que cada país se especialize na produção daquilo que tem vantagem comparativa, resultando em maior eficiência e prosperidade geral.

Ao longo de sua vida, Bastiat lutou incansavelmente contra o protecionismo, o intervencionismo estatal e qualquer forma de coerção que restringisse a liberdade individual. Ele acreditava que a prosperidade e o progresso advinham da cooperação voluntária, do livre mercado e do respeito aos direitos individuais. Sua clareza de pensamento e habilidade para comunicar ideias complexas de forma acessível o tornaram um dos grandes pensadores econômicos de todos os tempos.

Infelizmente, a vida de Frédéric Bastiat foi interrompida precocemente. Ele faleceu em 1850, aos 49 anos de idade, deixando para trás um legado duradouro de sabedoria econômica e filosófica. Suas ideias continuam a influenciar estudiosos, economistas e defensores da liberdade econômica em todo o mundo.

Uma das contribuições mais famosas de Bastiat foi a ideia da "Vidraça Quebrada" também conhecida por:

A metáfora da Janela Quebrada

Era uma vez uma pequena cidade pitoresca, com ruas tranquilas, casas charmosas e uma atmosfera serena. Os moradores desfrutavam de uma vida pacífica e próspera, até que algo inesperado aconteceu. Uma janela foi quebrada.

O dono da casa, um comerciante local, ficou frustrado e preocupado com o ocorrido. Ele teve que gastar dinheiro para consertar a janela, e esse custo inesperado prejudicou suas finanças. Mas o que parecia ser apenas um contratempo em uma pequena comunidade acabou por desencadear uma série de eventos que revelaram uma importante lição econômica.

Frédéric Bastiat utilizou essa história como uma metáfora para ilustrar sua teoria econômica fundamenta. Essa metáfora nos ajuda a compreender o Que se Vê e o Que Não se Vê.

No primeiro olhar, podemos apenas observar a janela quebrada e o custo imediato de consertá-la. No entanto, devemos ir além disso e considerar o que não se vê: os efeitos indiretos desse incidente na economia como um todo.

Imagine que, para consertar essa janela, o dono da casa terá que gastar uma quantia considerável de dinheiro. Esse valor poderia ter sido utilizado de outra forma, como comprar novos produtos para seu comércio ou investir em melhorias. Ao gastar esse dinheiro para consertar a janela, ele está simplesmente restaurando a situação original, voltando ao ponto onde estava antes do incidente. Isso não cria riqueza adicional nem gera benefícios econômicos para a cidade.

Talvez você esteja se questionando:

Pelo menos a pessoa que vai consertar a janela receberá o dinheiro pelo trabalho, não é verdade? Isso não ajudaria a economia?
Excelente ponto.

Sim, o vidraceiro será pago pelo conserto da janela. Mas...
O que não se vê são as oportunidades perdidas. Se o dono da casa não tivesse que gastar dinheiro para consertar a janela, poderia ter contratado um novo funcionário para o seu comércio, gerando emprego e renda adicional para a cidade. Além disso, esse dinheiro economizado poderia ter sido gasto com outras pessoas em diferentes negócios, estimulando ainda mais a economia local.

Essa metáfora da janela quebrada pode ser aplicada a diversas situações em nossa vida cotidiana e até mesmo em políticas governamentais. Muitas vezes, as pessoas se concentram apenas nos benefícios imediatos e óbvios de uma ação, ignorando os custos ocultos e as oportunidades perdidas.

Imagine que em nossa cidade fictícia, o governo decide aumentar drasticamente os impostos sobre os comerciantes locais. Eles justificam essa medida afirmando que precisam de mais recursos para financiar projetos públicos e serviços essenciais.

À primeira vista, pode parecer uma medida razoável e benéfica. Afinal, o governo estará arrecadando mais dinheiro, o que teoricamente poderia ser usado para melhorar a infraestrutura, fornecer melhores serviços de saúde e educação, entre outras coisas. No entanto, essa é apenas a visão superficial da situação.

Usando a metáfora da janela quebrada, podemos questionar o que não se vê nesse cenário. O aumento exagerado de impostos afeta diretamente os comerciantes, que são forçados a pagar mais para o governo. Isso diminui seus lucros, dificulta a contratação de mais funcionários e reduz os investimentos em seus negócios.

Com menos recursos disponíveis, os comerciantes são obrigados a cortar custos e até mesmo fechar suas lojas. Isso resulta em menos empregos, menos produtos e serviços disponíveis para a população e uma economia local enfraquecida. A longo prazo, essa arrecadação exagerada de impostos pode levar a uma diminuição geral da atividade econômica e à estagnação do desenvolvimento da cidade.

Agora, vamos a um exemplo real:

A Copa do mundo de 2014 no Brasil

A Copa do Mundo é um dos eventos esportivos mais prestigiados e assistidos em todo o mundo. Quando o Brasil foi escolhido como país-sede, surgiu uma grande expectativa sobre os benefícios econômicos que seriam gerados. No entanto, ao analisarmos com cuidado a aplicação da metáfora da janela quebrada nesse contexto, podemos identificar nuances e reflexões importantes.

O governo brasileiro empreendeu um investimento significativo na construção de estádios de futebol, infraestrutura, transporte e outras obras relacionadas ao evento. Muitos acreditavam que esse investimento impulsionaria a economia, gerando empregos, estimulando o turismo e fortalecendo a imagem do Brasil no cenário internacional. No entanto, é fundamental olhar além desses benefícios visíveis e considerar os custos ocultos e as oportunidades perdidas.

Vamos analisar alguns aspectos específicos dessa situação. Primeiramente, os altos custos de construção e reforma dos estádios geraram uma demanda significativa por recursos financeiros. Esses recursos poderiam ter sido direcionados para áreas prioritárias e carentes no país, como saúde, educação e infraestrutura básica, que são fundamentais para a qualidade de vida da população.

Em relação aos estádios, muitos deles se tornaram um símbolo de desperdício financeiro. Após o término da Copa do Mundo, alguns estádios apresentaram problemas de manutenção e subutilização, gerando custos contínuos para o país. O exemplo mais marcante foi o Estádio Mané Garrincha em Brasília, cujo alto custo de construção contrastou com o baixo número de eventos realizados posteriormente.

Além disso, o investimento na infraestrutura relacionada à Copa do Mundo também trouxe consequências negativas. Obras de transporte público e mobilidade urbana foram iniciadas, mas muitas delas não foram concluídas ou não atenderam às demandas da população. Isso resultou em projetos inacabados, recursos desperdiçados e um legado de infraestrutura insuficiente para atender às necessidades reais das cidades brasileiras.

Outro ponto a ser considerado é o efeito de "drenagem" que ocorre durante um evento de grande porte como a Copa do Mundo. Muitos turistas estrangeiros e nacionais direcionam seus gastos para hotéis, restaurantes e outras empresas relacionadas ao evento, deixando de lado a economia local. Essa concentração temporária de recursos pode levar a uma ilusão de prosperidade durante o evento, mas não necessariamente resulta em benefícios duradouros para a economia local.

Ao olharmos para além do óbvio, fica evidente que o investimento na Copa do Mundo de 2014 trouxe uma série de custos ocultos e oportunidades perdidas para o Brasil. O dinheiro público investido poderia ter sido utilizado de forma mais eficiente e estratégica para atender às necessidades prementes da população e estimular setores econômicos mais amplos.

Depois desse exemplo, você talvez se questione:

"Por que ainda continuo pagando impostos?"

E ambos sabemos que você não tem opção.
Mas...

Sabia que às vezes a redução de impostos pode aumentar a arrecadação?
Conheça:

A curva de Laffer.

A CURVA DE LAFFER

Arthur Laffer

Era uma vez, em uma pequena cidade do estado de Indiana, nos Estados Unidos, um menino chamado Arthur Betz Laffer. Ele nasceu em 14 de agosto de 1940, em uma família de classe média.

Desde cedo, Arthur Laffer mostrou-se um aluno brilhante e curioso demonstrando interesse pelos mistérios da economia e um desejo ardente de entender como o dinheiro funcionava.

Aos 16 anos, entrou na Universidade de Yale, onde estudou economia e se formou com honras. Foi durante seus estudos em Yale que Laffer teve o primeiro contato com os grandes pensadores da economia, como Adam Smith e John Maynard Keynes, e começou a moldar suas próprias ideias.

Após concluir seus estudos, Laffer embarcou em uma carreira acadêmica. Tornou-se professor de economia na Universidade de Chicago, uma das mais prestigiadas instituições de ensino do mundo. Foi lá que ele começou a formular sua teoria econômica revolucionária, conhecida como a "Curva de Laffer".

O que é a curva de laffer?

A Curva de Laffer é uma representação gráfica que demonstra a relação entre a taxa de imposto e a receita arrecadada pelo governo. Laffer argumentava que, em certo ponto, aumentar as taxas de imposto levaria a uma diminuição na receita, pois as pessoas teriam menos incentivo para trabalhar e produzir. Por outro lado, uma redução nas taxas de imposto poderia estimular a atividade econômica e, consequentemente, aumentar a arrecadação de impostos.

Essa ideia parecia contraintuitiva para muitos economistas e políticos da época, que acreditavam que aumentar as taxas de imposto era a única maneira de aumentar a receita do governo. No entanto, Laffer defendia que a taxa ideal de imposto estava em algum lugar entre 0% e 100%, e que encontrar esse ponto ótimo era essencial para impulsionar o crescimento econômico.

Apesar de suas ideias inovadoras, Arthur Laffer enfrentou resistência por parte de muitos economistas e políticos. Alguns argumentavam que sua teoria era simplista demais e não levava em consideração outros fatores econômicos relevantes. No entanto, Laffer perseverou e continuou a desenvolver sua teoria, apoiando-se em dados históricos e em estudos empíricos.

Foi em meados da década de 1970 que Arthur Laffer ganhou notoriedade mundial. Durante um jantar com alguns políticos e economistas proeminentes, Laffer desenhou sua famosa curva em um guardanapo e explicou sua teoria de forma clara e persuasiva. Seu argumento foi tão convincente que ganhou o nome de "Curva de Laffer do Guardanapo".

A partir desse momento, a teoria de Laffer ganhou força e passou a ser discutida em diversos círculos políticos e econômicos. Políticos conservadores, em particular, viram na teoria de Laffer uma justificativa para reduzir as taxas de imposto e promover o crescimento econômico.

Arthur Laffer continuou a desenvolver sua teoria e a influenciar o debate econômico ao longo das décadas seguintes. Ele fundou sua própria empresa de consultoria econômica e trabalhou com diversos governos e empresas em todo o mundo. Sua influência e legado são inegáveis, e sua teoria continua a ser objeto de estudo e debate.

Hoje, a teoria de Laffer é parte integrante do currículo de economia em universidades ao redor do mundo. Ela ajudou a moldar políticas fiscais e a influenciar a forma como os governos pensam sobre a arrecadação de impostos e o crescimento econômico.

Então vamos direto ao ponto:

Como funciona a curva de Laffer ?

Para compreender melhor o conceito da Curva de Laffer, é necessário entender alguns princípios básicos da economia. A primeira ideia importante é que o governo precisa de recursos para financiar seus gastos. E como o governo não produz nada, a principal forma de obter esses recursos é por meio da arrecadação de impostos.

Os impostos podem ser aplicados de diferentes maneiras, seja sobre a renda das pessoas, sobre o consumo de bens e serviços ou sobre a propriedade. Ao estabelecer uma taxa de imposto, o governo espera obter uma receita que seja suficiente para cobrir suas despesas e ainda deixar margem para investimentos e políticas públicas.

A Curva de Laffer argumenta que existe uma relação não-linear entre a taxa de imposto e a receita arrecadada. Em outras palavras, a teoria sugere que, em determinado ponto, aumentar a taxa de imposto pode levar a uma redução na receita, ao invés de aumentá-la.

Vamos visualizar isso com um exemplo hipotético: suponha que um país esteja aplicando uma taxa de imposto de 30% sobre a renda das pessoas. Com essa taxa, o governo arrecada uma receita de 100 milhões de reais por ano. Agora, imagine que o governo decida aumentar a taxa de imposto para 40%. O que aconteceria?

De acordo com a Curva de Laffer, em um primeiro momento, o aumento da taxa de imposto pode levar a um aumento na receita, já que o governo estaria cobrando mais de cada contribuinte. No entanto, à medida que a taxa de imposto aumenta, as pessoas podem ser desestimuladas a trabalhar mais, investir ou empreender, pois estarão retendo uma parcela menor daquilo que ganham.

Essa desestimulação pode levar a uma diminuição da atividade econômica, o que, por sua vez, resulta em uma redução da renda total gerada no país. Com menos renda disponível, a base tributável também diminui, fazendo com que a receita arrecadada pelo governo caia, mesmo com a taxa de imposto mais alta.

Assim, a Curva de Laffer sugere que existe um ponto além do qual o aumento da taxa de imposto se torna contraproducente, reduzindo a receita arrecadada pelo governo. Esse ponto é conhecido como "ponto de inflexão da curva". Antes desse ponto, aumentar a taxa de imposto resulta em um aumento na receita; após esse ponto, aumentar a taxa de imposto resulta em uma redução na receita.

Se você está achando bom demais para ser verdade, eu entendo. Por isso, vou apresentar alguns exemplos para comprovar:

Reaganomics – Estados Unidos

Era uma vez, numa época não tão distante, um país chamado Estados Unidos da América que enfrentava desafios econômicos significativos. Era o início da década de 1980, e a economia estava estagnada, com altas taxas de desemprego e uma inflação galopante. Foi nesse cenário que um homem chamado Ronald Reagan assumiu a presidência do país e iniciou uma revolução econômica que ficou conhecida como "Reaganomics".

A Reaganomics foi baseada em uma série de políticas econômicas conservadoras, com ênfase na redução de impostos e na desregulamentação dos mercados. Uma das principais teorias que embasavam essa abordagem era a chamada "Curva de Laffer".

Ronald Reagan acreditava fortemente na Curva de Laffer e a utilizou como base para suas políticas econômicas. Ele propôs uma redução significativa das taxas de imposto, especialmente para os mais ricos, argumentando que isso incentivaria o investimento, estimularia o crescimento econômico e, eventualmente, aumentaria a receita fiscal do governo.

Mas como exatamente isso funcionou na prática?

Como dito anteriormente, uma das principais estratégias das Reaganomics foi a redução de impostos, com ênfase na diminuição da taxa de imposto sobre a renda. Em 1981, Reagan promulgou um corte de impostos que reduziu a taxa máxima de imposto sobre a renda de 70% para 50%. Posteriormente, em 1986, essa taxa foi reduzida ainda mais, para 28%.

Os críticos das Reaganomics argumentaram que essas reduções de impostos beneficiariam principalmente os mais ricos e poderiam levar a déficits orçamentários significativos. No entanto, os defensores argumentaram que a redução de impostos poderia estimular o crescimento econômico, gerar empregos e, consequentemente, aumentar a receita fiscal.

Ao analisar os dados econômicos da época, podemos observar o impacto das políticas de redução de impostos nas receitas fiscais do governo. Durante a década de 1980, a receita fiscal do governo dos Estados Unidos aumentou significativamente. Por exemplo, em 1980, antes da implementação das Reaganomics, a receita fiscal foi de aproximadamente 517 bilhões de dólares. Em 1990, ao final do mandato de Reagan, a receita fiscal aumentou para cerca de 991 bilhões de dólares, representando um crescimento de quase 92%.

Esses números indicam que a redução de impostos não resultou em uma diminuição da receita fiscal, como alguns críticos sugeriram. Pelo contrário, houve um aumento substancial na arrecadação de impostos durante o período das Reaganomics.

Além disso, o crescimento econômico durante esse período também é um indicador importante do impacto das políticas implementadas. Durante os anos 1980, a economia dos Estados Unidos cresceu a uma taxa média anual de cerca de 3,5%. O Produto Interno Bruto (PIB) aumentou de aproximadamente 2,8 trilhões de dólares em 1980 para cerca de 5,1 trilhões de dólares em 1990. Esse crescimento econômico robusto foi impulsionado por investimentos empresariais, aumento da produção industrial e maior consumo.

Outro indicador relevante é o mercado de trabalho. Durante os anos 1980, a taxa de desemprego nos Estados Unidos caiu significativamente. Em 1980, a taxa de desemprego estava em torno de 7,2%, enquanto em 1990 havia diminuído para cerca de 5,6%. Essa redução na taxa de desemprego foi acompanhada por um aumento no número de empregos criados durante o período das Reaganomics.

O sucesso da implementação da teoria de Laffer nos Estados Unidos levou outros países a adotarem políticas semelhantes. Um deles é o nosso próximo exemplo, o:

Reino Unido

Estávamos na década de 1970 e a economia do país estava em um estado deplorável. Altas taxas de desemprego, inflação galopante e uma dívida pública crescente estavam sufocando a nação. Os cidadãos estavam cansados e desiludidos. Foi nesse contexto que Margaret Thatcher, uma mulher determinada e visionária, assumiu o cargo de Primeira-Ministra em 1979. Ela prometeu revitalizar a economia britânica e trazer de volta a prosperidade.

A abordagem econômica de Thatcher ficou conhecida como "thatcherismo". Era baseada em princípios conservadores, como o livre mercado, a redução do papel do Estado na economia e a defesa da propriedade privada. Um dos pilares dessa doutrina era a crença na eficácia da "Curva de Laffer".

Assim, com seu mandato e a Curva de Laffer em mente, Margaret Thatcher iniciou um processo de reformas radicais no Reino Unido. Uma das primeiras medidas foi a redução das alíquotas de impostos, especialmente as taxas mais altas que afetavam diretamente os mais ricos. Thatcher acreditava que isso incentivaria os empresários a investir e expandir seus negócios, impulsionando o crescimento econômico.

Além da redução dos impostos, Thatcher também promoveu uma série de privatizações, transferindo empresas estatais para o setor privado. Essa política visava aumentar a eficiência dessas empresas, uma vez que seriam geridas por indivíduos movidos pelo lucro e pela competição. A ideia era que a iniciativa privada fosse mais eficiente na prestação de serviços, reduzindo os custos para o governo e melhorando a qualidade para os consumidores.

Essas reformas econômicas foram acompanhadas por medidas de desregulamentação e flexibilização das relações trabalhistas. Thatcher acreditava que a liberdade econômica e a redução da intervenção estatal eram fundamentais para estimular o empreendedorismo e a criação de empregos. Ela defendia uma postura mais liberal e meritocrática, onde as pessoas seriam recompensadas de acordo com seu esforço e capacidade, sem as amarras do Estado.

Os críticos do Thatcherismo argumentavam que as políticas de Thatcher beneficiavam apenas os ricos, exacerbando as desigualdades sociais. No entanto, a primeira-ministra britânica defendia que o crescimento econômico traria benefícios para todos os estratos sociais, pois aumentaria a geração de empregos e permitiria que as pessoas subissem na escala social por mérito próprio.

E como as coisas se desenrolaram?
No início das reformas, a redução das alíquotas de impostos levou a uma queda inicial na arrecadação governamental. Muitos críticos da política fiscal de Thatcher acreditaram que isso confirmava suas previsões de que a estratégia resultaria em perda de receitas para o governo. No entanto, Thatcher e seus defensores argumentaram que essa era apenas a primeira fase da curva.

Conforme a economia se recuperava e o investimento privado aumentava, o crescimento econômico se fortaleceu. Isso resultou em mais pessoas trabalhando e em maior consumo. À medida que a atividade econômica se expandia, a arrecadação de impostos começou a se recuperar. O ponto ótimo da Curva de Laffer estava sendo alcançado.

Os críticos também afirmavam que as privatizações e a desregulamentação prejudicariam a qualidade dos serviços públicos, como saúde e educação. No entanto, muitos dos defensores do Thatcherismo argumentaram que a concorrência trazida pelas privatizações melhorou a eficiência e a qualidade desses serviços. Eles afirmavam que, ao permitir que as empresas privadas concorressem entre si, o setor público seria incentivado a melhorar para se manter competitivo.

No entanto, é importante destacar que nem todas as políticas adotadas durante o Thatcherismo foram bem-sucedidas. Algumas medidas geraram protestos e resistência, especialmente entre os setores mais afetados pelas mudanças, como os mineiros durante a greve dos mineiros em 1984-1985. Esses eventos mostraram que o impacto das reformas não foi uniforme e que houve perdas e dificuldades ao longo do caminho.

No entanto, ao olharmos para a trajetória do Reino Unido nas décadas seguintes, é inegável que as políticas econômicas de Margaret Thatcher tiveram um impacto significativo. A economia do país se recuperou, a inflação foi controlada e o desemprego diminuiu. O Reino Unido passou de uma nação em crise para uma potência econômica mundial.

Podemos atribuir todo esse sucesso à Curva de Laffer e ao Thatcherismo? Não. O crescimento econômico é influenciado por uma série de fatores complexos e interconectados. No entanto, é inegável que essas políticas econômicas influenciaram fortemente esse sucesso econômico.

Você pode estar se perguntando:

"Se esses exemplos reduzem a interferência do estado na economia, como seriam resolvidos problemas comuns como a poluição?"

A resposta pode ser o...

Teorema de Coase.

TEOREMA DE COASE

Ronald Coase

Era uma vez um homem chamado Ronald Coase, um dos economistas mais influentes e respeitados do século XX. Nascido em 29 de dezembro de 1910, na cidade de Willesden, Londres, Coase teve uma jornada intelectual notável que o levou a explorar e desvendar os mistérios da economia das instituições.

Coase desde cedo demonstrou uma curiosidade incomum em relação ao funcionamento das coisas ao seu redor. Sua mente aguçada e questionadora o impulsionou a buscar respostas para questões complexas e aparentemente intransponíveis. Foi essa paixão pela compreensão que o levou a embarcar em uma jornada acadêmica que mudaria para sempre o campo da economia.

Nos anos 1930, Coase ingressou na London School of Economics, uma renomada instituição de ensino. Foi lá que ele teve a oportunidade de estudar grandes pensadores e economistas de renome, como Arnold Plant e Friedrich Hayek. Esses professores influentes ajudaram a moldar sua visão de mundo e a desenvolver seu interesse pelas questões econômicas.

Após concluir sua graduação em Economia, Coase começou a trabalhar como assistente de pesquisa na universidade. Foi durante esse período que ele começou a explorar a relação entre os custos de transação e a organização econômica.

Coase acreditava que as organizações econômicas (empresas, leis de propriedade e mecanismos de negociação) desempenhavam um papel crucial na coordenação das atividades econômicas, e seu trabalho pioneiro lançou as bases para a economia das instituições.

Em 1937, Coase publicou um artigo revolucionário intitulado "A Natureza da Firma". Nesse artigo, ele apresentou sua teoria sobre como as empresas se formam e por que existem. Coase argumentou que as empresas são criadas como uma resposta aos custos de transação no mercado. Em outras palavras, quando os custos de coordenar as atividades por meio do mercado se tornam muito altos, é mais eficiente criar uma firma para organizar e controlar essas atividades.

Essa ideia fundamental de Coase levou a uma nova abordagem para o estudo da economia. Ele questionou a visão tradicional de que os mercados eram sempre a melhor forma de coordenação econômica, mostrando que as instituições desempenham um papel crucial na criação de valor. Coase demonstrou que, em certas circunstâncias, as empresas podem surgir para internalizar as atividades e minimizar os custos de transação.

O trabalho de Coase não parou por aí. Ele continuou a aprofundar suas pesquisas e explorar as implicações de sua teoria para uma variedade de campos econômicos. Em um artigo posterior, intitulado "O Problema do Custo Social".

Esse conceito ficou conhecido como "Teorema de Coase" e teve um impacto significativo no campo da economia ambiental e da regulamentação governamental.

A genialidade de Ronald Coase não se limitava apenas ao mundo acadêmico. Ele também contribuiu para a formulação de políticas públicas e para a aplicação de suas ideias na prática. Em 1951, Coase deixou a Inglaterra e se mudou para os Estados Unidos, onde se juntou à Universidade de Buffalo, em Nova York. Lá, ele continuou a desenvolver suas teorias e influenciar gerações de estudantes e colegas.

Coase foi um defensor ferrenho do livre mercado e argumentou que a intervenção governamental deveria ser limitada, a menos que houvesse falhas de mercado evidentes. Ele defendeu a importância das instituições e da liberdade individual como motores do progresso econômico e social. Sua visão libertária e seu compromisso com a busca da verdade acadêmica renderam-lhe muitos admiradores e críticos ao longo dos anos.

Em 1991, o trabalho inovador de Coase foi reconhecido com o Prêmio Nobel de Economia. Sua contribuição para a teoria econômica e seu impacto duradouro nas políticas e práticas econômicas tornaram-no um dos economistas mais influentes do século XX. Mesmo após sua morte, em 2 de setembro de 2013, o legado de Ronald Coase continua a inspirar e desafiar estudantes, pesquisadores e formuladores de políticas em todo o mundo.

Agora vamos focar no:

Teorema de Coase

Para compreender o teorema em si, é importante entender alguns conceitos-chave.

Primeiro, vamos falar sobre custos de transação. Na economia, os custos de transação referem-se aos gastos necessários para realizar uma troca econômica. Isso inclui os custos de pesquisa de informações, de negociação e de execução de contratos.

Agora, vamos abordar as externalidades. Externalidades são efeitos externos não considerados nas transações econômicas, ou seja, normalmente, efeitos que uma atividade econômica pode ter sobre pessoas que não estão diretamente envolvidas diretamente em determinada transação.

Um exemplo comum de externalidade é a poluição gerada por uma fábrica. A poluição afeta a qualidade do ar e a saúde das pessoas que vivem nas proximidades, mas esses custos não são levados em conta nas decisões da fábrica sobre a produção.

O Teorema de Coase lida especificamente com externalidades negativas, também conhecidas como "falhas de mercado". Quando uma atividade econômica gera uma externalidade negativa, como poluição, os custos sociais são maiores do que os custos privados. Isso ocorre porque o poluidor não está arcando com todos os custos associados à poluição, como danos à saúde ou ao meio ambiente.

Nesse momento, uma grande parcela da população pensaria:

"Vamos aumentar os impostos"

Ou

"Vamos taxar"

Porém...

O Teorema de Coase afirma que, sob certas condições, os agentes econômicos podem chegar a uma solução eficiente para as externalidades por meio da negociação privada, sem a necessidade de intervenção do governo.

Agora, vamos entender o raciocínio por trás do Teorema de Coase.

Suponha que haja um fazendeiro que cria gado ao lado de uma área residencial. O odor resultante da criação de gado é uma externalidade negativa que afeta os moradores próximos. Os moradores podem se sentir incomodados com o odor e querem que o fazendeiro pare de criar gado.

Tradicionalmente, a solução seria que o governo interviesse e impusesse restrições ao fazendeiro, limitando a criação de gado ou impondo multas pela poluição. No entanto, o Teorema de Coase sugere uma abordagem alternativa.

De acordo com o teorema, se os direitos de propriedade forem bem definidos e os custos de transação forem baixos, o fazendeiro e os moradores podem chegar a um acordo através da negociação privada. Os moradores podem oferecer ao fazendeiro uma compensação financeira para reduzir ou eliminar a criação de gado. Por outro lado, o fazendeiro pode concordar em implementar tecnologias mais limpas ou adotar práticas que reduzam o odor em troca dessa compensação.

O ponto crucial aqui é que, desde que os direitos de propriedade estejam bem definidos, o fazendeiro terá o direito de criar gado em sua propriedade, mas também será responsável por arcar com os custos externos gerados por sua atividade. Dessa forma, ele terá o incentivo para considerar seriamente a oferta dos moradores e buscar uma solução que seja mutuamente benéfica.

O Teorema de Coase destaca a importância da negociação privada e da alocação eficiente dos direitos de propriedade para resolver problemas de externalidades. Ele mostra que, em certas circunstâncias, as partes envolvidas têm o incentivo necessário para resolver essas questões por conta própria, sem a necessidade de intervenção governamental.

Você talvez ainda esteja se perguntando:

"Por que esse teorema é benéfico para economia?"

Então vou apresentar alguns dos principais benefícios:

1. Eficiência econômica

O Teorema busca encontrar maneiras de resolver problemas de poluição e outros efeitos negativos das atividades econômicas de forma que todos saiam ganhando. Isso ajuda a economia a usar seus recursos da melhor maneira possível e a garantir que todos se beneficiem, evitando desperdícios.

2. Redução da burocracia e dos custos de cumprimento

Em vez de o governo criar muitas regras e regulamentos para controlar problemas como a poluição, o Teorema de Coase sugere que as pessoas envolvidas na situação podem chegar a um acordo por conta própria. Isso reduz a quantidade de burocracia e de custos para as empresas e para as pessoas que precisam seguir essas regras.

3. Incentivo à inovação e à cooperação voluntária

Quando as partes envolvidas têm liberdade para negociar soluções entre si, elas têm mais incentivos para serem criativas e encontrarem maneiras melhores de lidar com os problemas.

4. Respeito pelos direitos de propriedade
O Teorema de Coase destaca a importância de as pessoas terem direitos claros sobre o que é delas. Isso significa que, se você possui uma propriedade, tem o direito de usá-la, mas também é responsável por qualquer problema que ela cause para os outros. Respeitar esses direitos ajuda a criar um ambiente onde as pessoas se sentem seguras para investir e usar seus recursos de forma responsável.

5. Flexibilidade e adaptação às circunstâncias locais
O Teorema de Coase reconhece que cada situação é única e que diferentes soluções podem funcionar em diferentes lugares. Por isso, em vez de ter uma regra geral para todos os casos, o teorema permite que as partes envolvidas encontrem soluções específicas que se adaptem às suas necessidades e às condições locais. Isso ajuda a lidar com a complexidade das situações do mundo real.

Então...

Para finalizar esse capítulo...

Conheça o exemplo usado por Coase:

Sturges v Bridgman

O caso "Sturges v Bridgman" ocorreu na Inglaterra durante o século XIX e é frequentemente citado como um exemplo relevante para ilustrar os princípios do Teorema de Coase.

No caso, havia dois vizinhos: o Sr. Bridgman, um médico que possuía sua clínica em uma rua residencial tranquila, e o Sr. Sturges, um fabricante de confeitos que operava uma fábrica do outro lado da rua. O Sr. Sturges utilizava uma máquina a vapor em sua fábrica para produzir doces.

O problema surgiu quando o Sr. Sturges instalou uma nova máquina a vapor em sua fábrica. Essa máquina gerava consideráveis ruídos e vibrações, perturbando o trabalho do Sr. Bridgman como médico e afetando seus pacientes. O Sr. Bridgman argumentou que a atividade da fábrica era uma interferência em seu uso pacífico e tranquilo de sua propriedade.

O caso foi levado ao tribunal, e a questão central era determinar se a atividade do Sr. Sturges era uma interferência ilegal ou se o Sr. Bridgman deveria encontrar uma solução por conta própria.

Para entender a decisão do tribunal, precisamos considerar os princípios do Teorema de Coase. Segundo o teorema, se os direitos de propriedade estiverem bem definidos e os custos de transação forem baixos, as partes envolvidas podem chegar a uma solução eficiente por meio da negociação privada.

No entanto, no caso "Sturges v Bridgman", os direitos de propriedade relacionados ao uso da máquina a vapor pelo Sr. Sturges não estavam claramente definidos. Não havia uma legislação específica que proibisse o uso da máquina ou limitasse seus efeitos negativos.

O tribunal analisou a situação considerando a prioridade do direito de propriedade do Sr. Bridgman de usufruir de sua propriedade residencial pacificamente. O juiz concluiu que, mesmo que a atividade do Sr. Sturges fosse legal, ela causava prejuízos excessivos ao Sr. Bridgman.

Essa decisão ressalta a importância da alocação eficiente dos direitos de propriedade e da consideração dos custos sociais. O tribunal considerou que o direito do Sr. Bridgman de usufruir de sua propriedade residencial sem perturbações tinha precedência sobre o direito do Sr. Sturges de utilizar sua propriedade industrial.

No entanto, é importante observar que, do ponto de vista do Teorema de Coase, se os direitos de propriedade estivessem bem definidos, as partes envolvidas teriam a oportunidade de chegar a uma solução eficiente através da negociação privada.

Por exemplo, o Sr. Bridgman poderia ter proposto uma compensação financeira ao Sr. Sturges em troca de medidas para reduzir o ruído e as vibrações em sua fábrica. Dessa forma, eles poderiam ter chegado a um acordo mutuamente benéfico que minimizasse os prejuízos para o Sr. Bridgman e permitisse que o Sr. Sturges continuasse a operar sua fábrica.

Com avanços tecnológicos, como materiais de isolamento acústico mais eficientes, equipamentos menos ruidosos e métodos de mitigação de ruído, os custos de redução das externalidades podem ser significativamente reduzidos. Por conta disso, a tecnologia e a inovação desempenham um papel fundamental na aplicação do Teorema de Coase.

Mas...

Você alguma vez já se perguntou:
"Como surgem novas indústrias e tecnologias, enquanto outras desaparecem?"
A resposta pode estar na:
Destruição criativa.

DESTRUIÇÃO CRIATIVA

Joseph Schumpeter

Era uma vez, em uma pequena cidade na Áustria, um jovem chamado Joseph Schumpeter. Ele nasceu em 1883, em uma época repleta de mudanças e desafios econômicos.

Schumpeter cresceu em uma família de classe média na cidade de Triesch, onde seu pai era dono de uma pequena fábrica têxtil. Desde cedo, Joseph mostrou interesse pelos negócios e começou a acompanhar seu pai em suas atividades diárias. Foi nesse ambiente que ele começou a entender a dinâmica do mundo empresarial e a desenvolver sua paixão pela economia.

Ao entrar para a universidade, Joseph estudou Direito, mas logo descobriu seu verdadeiro amor: a economia. Ele mergulhou de cabeça nos estudos econômicos, absorvendo todo o conhecimento disponível. Foi durante esse período que Schumpeter teve a oportunidade de conhecer o renomado economista austríaco Eugen von Böhm-Bawerk, que se tornou seu mentor e influência duradoura.

Após concluir seus estudos, Schumpeter começou sua carreira acadêmica e rapidamente se destacou como um pensador brilhante. Em 1911, ele publicou sua obra mais famosa, "A Teoria do Desenvolvimento Econômico", que revolucionou a forma como as pessoas pensavam sobre o crescimento econômico. Neste livro, Schumpeter introduziu o conceito de "destruição criativa".

Schumpeter também se dedicou ao estudo dos ciclos econômicos. Ele observou que a economia passa por períodos de expansão e contração, e buscou entender as causas subjacentes a essas flutuações. Para Schumpeter, os ciclos econômicos eram impulsionados principalmente pela inovação tecnológica.

Uma das características distintivas do pensamento de Schumpeter é sua visão do empreendedor como o motor do desenvolvimento econômico. Ele via o empreendedor como um agente de mudança, capaz de romper com a ordem existente e introduzir novas ideias e oportunidades de negócios.

Schumpeter descreveu o empreendedor como alguém dotado de imaginação e criatividade, capaz de identificar oportunidades de mercado e mobilizar recursos para aproveitá-las. Ele argumentou que o empreendedorismo era uma força poderosa que impulsionava a inovação e a competição, levando a ganhos de eficiência e crescimento econômico.

No entanto, Schumpeter também reconheceu que o processo empreendedor era permeado por riscos e incertezas. Ele enfatizou que nem todos os empreendedores seriam bem-sucedidos, e que o fracasso fazia parte do jogo. No entanto, para ele, era o empreendedorismo como um todo que impulsionava a economia e trazia progresso.

Joseph Schumpeter faleceu em 8 de janeiro de 1950, aos 66 anos de idade, em sua casa nos Estados Unidos.

A influência de Joseph Schumpeter na teoria econômica é inegável. Suas ideias revolucionaram a forma como entendemos o desenvolvimento econômico, o empreendedorismo e os ciclos econômicos. Sua visão do empreendedor como o agente de mudança e da inovação como o motor do crescimento influenciou gerações de economistas e empresários.

Agora vamos explorar as suas principais ideias, começando pela:

Destruição Criativa

Para entendermos melhor esse conceito, é importante compreender alguns pontos fundamentais. Primeiramente, a economia é um sistema dinâmico, no qual as empresas estão constantemente buscando novas maneiras de satisfazer as necessidades e desejos dos consumidores. Elas buscam produzir bens e serviços de forma mais eficiente, com melhor qualidade e a preços mais baixos. Isso implica em uma busca constante pela inovação.

A inovação é o motor da Destruição Criativa. Ela pode ser definida como a introdução de novas ideias, métodos, produtos ou processos que trazem melhorias significativas para a economia. Através da inovação, as empresas são capazes de criar valor de maneiras que antes não eram possíveis. Elas conseguem atender às demandas dos consumidores de forma mais eficaz e diferenciar-se da concorrência.

No entanto, a inovação também traz consigo a destruição. Quando novas ideias ou tecnologias surgem, empresas e setores inteiros podem tornar-se obsoletos. Isso acontece porque as inovações muitas vezes trazem consigo melhorias tão significativas que tornam os produtos ou processos antigos obsoletos e menos atrativos para os consumidores.

Vamos ilustrar esse conceito com um exemplo histórico: a transição da indústria de transporte movida a vapor para a indústria de transporte movida a combustíveis fósseis. No início do século XX, a tecnologia de transporte ferroviário a vapor dominava o cenário. As locomotivas a vapor eram responsáveis por transportar pessoas e mercadorias em todo o mundo.

No entanto, com o avanço da tecnologia, surgiram novas formas de transporte, como o automóvel e o avião, movidos a combustíveis fósseis. Essas inovações trouxeram consigo uma série de benefícios, como maior velocidade, mobilidade e flexibilidade. Consequentemente, a indústria de transporte ferroviário a vapor começou a declinar rapidamente, enquanto a indústria automobilística e a indústria aeroespacial cresceram exponencialmente.

Esse exemplo mostra como a Destruição Criativa ocorre na prática. A inovação traz consigo a criação de novas indústrias e a destruição das antigas.

Você talvez se questione:
"Isso não seria negativo para a economia?"
"Mas, e os empregos?"
É compreensível que você tenha essas preocupações, mas...

Vamos abordar as preocupações sobre os empregos.
Quando ocorre a substituição de indústrias e empresas antigas por outras novas e mais eficientes, é possível que alguns empregos sejam perdidos no setor obsoleto. Isso pode causar desemprego e dificuldades para os trabalhadores afetados.

No entanto, é importante entender que a Destruição Criativa não implica na destruição total de empregos, mas sim na substituição de empregos em setores obsoletos por empregos em setores emergentes. Embora alguns empregos sejam perdidos, novos empregos são criados nas indústrias inovadoras que surgem. Esses novos empregos muitas vezes requerem habilidades diferentes e podem exigir um período de requalificação por parte dos trabalhadores.

"E como isso é vantajoso para a economia?"

A Destruição Criativa traz vantagens significativas para a economia por causa do ganho de produtividade. Podemos usar como exemplo os datilógrafos.

Nesse momento você pode estar pensando:

"O que é um datilografo?"

Você não saber já diz muito sobre o ganho de produtividade, mas vamos lá...
Antes do surgimento dos computadores e da automação de tarefas de digitação, os datilógrafos eram profissionais que desempenhavam um papel importante na produção e no processamento de documentos escritos. Eles eram responsáveis por transcrever textos, relatórios, cartas e outros documentos de forma precisa e rápida.

No entanto, com o avanço tecnológico, a introdução de computadores pessoais revolucionou a forma como essas tarefas eram realizadas. A digitação passou a ser feita diretamente pelos próprios autores dos documentos, eliminando a necessidade de datilógrafos como intermediários.

Essa mudança trouxe consigo diversos benefícios econômicos. Primeiramente, a automação das tarefas de digitação reduziu significativamente os custos de produção e processamento de documentos. Antes, era necessário contratar datilógrafos, fornecer máquinas de escrever e gerenciar toda a logística envolvida nesse processo. Com a digitação sendo realizada pelos próprios autores, os custos foram drasticamente reduzidos.

Já imaginou o que aconteceria se proibissem os computadores pessoais para preservar os empregos dos datilógrafos?
Você provavelmente não teria seu smartphone.

A transição de uma indústria antiga para uma nova pode ocasionar desemprego e dificuldades para aqueles que estavam empregados nas atividades obsoletas. Schumpeter reconheceu esse problema, denominando-o de "deslocamento criativo". Ele argumentava que, embora algumas pessoas possam sofrer inicialmente com esse deslocamento, a sociedade como um todo se beneficia do progresso econômico gerado pela Destruição Criativa.

Schumpeter acreditava que a Destruição Criativa é um processo fundamental para o desenvolvimento econômico a longo prazo. Ele via a inovação e a destruição como elementos intrinsecamente ligados, que impulsionam o crescimento e a prosperidade da economia. Segundo ele, a competição entre as empresas e a busca por lucros são os principais impulsionadores desse processo.

Ao competirem entre si, as empresas são incentivadas a buscar constantemente maneiras de inovar e melhorar seus produtos e processos. Elas estão sempre em busca de uma vantagem competitiva, seja por meio da redução de custos, do desenvolvimento de novos produtos ou da melhoria da qualidade. Essa busca por vantagens competitivas é o que impulsiona a Destruição Criativa.

Outra ideia de Schumpeter interessante de ser explorada é a ideia de:

Ciclos de mercado

A teoria dos Ciclos de Mercado de Schumpeter é uma abordagem interessante para compreender as flutuações econômicas ao longo do tempo. Schumpeter propôs que a economia passa por ciclos regulares de expansão e contração, impulsionados pela inovação tecnológica e pelos empreendedores.

Vamos começar pelos estágios e processos que compõem os Ciclos de Mercado de Schumpeter.

1. Inovação e Ondas de Empreendedorismo

O primeiro estágio dos Ciclos de Mercado de Schumpeter é marcado pela introdução de uma inovação disruptiva no mercado. Essa inovação pode ser uma nova tecnologia, produto ou até mesmo uma mudança significativa em um modelo de negócios existente.

Quando uma inovação ocorre, os empreendedores identificam oportunidades de negócios e mobilizam recursos para capitalizar essa inovação. Eles criam novas empresas ou adaptam as existentes para explorar as possibilidades oferecidas pela inovação.

Essa onda de empreendedorismo impulsiona a economia em direção a uma fase de crescimento acelerado. Novos empregos são criados, empresas são estabelecidas e a demanda por recursos aumenta.

2. Expansão Econômica e Prosperidade

À medida que a inovação se difunde e as empresas empreendedoras ganham tração, a economia entra em um período de expansão econômica e prosperidade. Nessa fase, a inovação impulsiona o crescimento econômico, aumentando a produtividade, reduzindo custos e criando novas oportunidades de negócios.

Durante essa expansão, os empreendedores colhem os benefícios de suas inovações, ganhando participação de mercado e obtendo lucros substanciais. Essa prosperidade econômica geralmente é acompanhada por investimentos em infraestrutura, pesquisa e desenvolvimento e aprimoramento de processos.

3. Crescimento Insustentável e Desequilíbrios

No entanto, à medida que o crescimento econômico acelerado continua, podem ocorrer desequilíbrios na economia. O aumento da demanda pode levar a pressões inflacionárias, enquanto os recursos podem se tornar escassos.

Além disso, o sucesso das inovações atrai a entrada de novos concorrentes, aumentando a competição. A competição intensa pode levar à redução dos lucros das empresas estabelecidas e à necessidade de novas inovações para manter a vantagem competitiva.

4. Crise e Declínio
Esses desequilíbrios e a competição crescente podem levar a uma crise econômica. Nesse estágio, as empresas enfrentam dificuldades financeiras, a demanda diminui e ocorre uma retração econômica. Muitas empresas, especialmente as menos eficientes ou incapazes de acompanhar a inovação, podem falir.

Essa crise econômica e o declínio resultante criam espaço para um novo ciclo de inovação e empreendedorismo. À medida que as empresas menos eficientes são eliminadas do mercado, novas oportunidades emergem para as empresas que podem se adaptar e inovar.

5. Novas Inovações e Reinício do Ciclo
Após a crise, o ciclo de inovação e empreendedorismo recomeça. Novas inovações surgem, os empreendedores identificam oportunidades de negócios e o ciclo de crescimento econômico é reiniciado.

A melhor forma de entender ciclos de mercado é por meio de exemplos práticos. Então, aqui vai um exemplo:

A indústria da telefonia móvel

Era uma vez, em um passado não muito distante, uma indústria que passou por uma verdadeira revolução tecnológica, transformando a forma como nos comunicamos e interagimos. Essa indústria é a de telefonia móvel, e sua história exemplifica os estágios dos Ciclos de Mercado de Schumpeter.

1. Inovação e Ondas de Empreendedorismo

No final do século XX, as comunicações via telefone fixo eram dominantes. As pessoas dependiam de fios para se conectar e fazer ligações. Mas então, uma inovação disruptiva surgiu: a tecnologia da telefonia móvel. Com ela, seria possível se comunicar sem depender de uma conexão física.

Nesse estágio, empreendedores visionários identificaram a oportunidade de negócio e mobilizaram recursos para aproveitar essa inovação. Empresas como Motorola, Nokia e Ericsson surgiram e começaram a desenvolver e produzir os primeiros telefones celulares.

2. Expansão Econômica e Prosperidade

À medida que os telefones celulares foram se popularizando, a economia entrou em uma fase de expansão econômica e prosperidade. As pessoas ficaram encantadas com a liberdade de se comunicar em qualquer lugar, e as empresas de telefonia móvel tiveram um crescimento exponencial.

Novos empregos foram criados, a demanda por serviços de telefonia móvel aumentou e a infraestrutura de comunicação foi aprimorada para atender a essa crescente demanda. Empresas como a Nokia, com seus icônicos celulares, dominaram o mercado e obtiveram lucros substanciais.

3. Crescimento Insustentável e Desequilíbrios

À medida que a telefonia móvel se tornava cada vez mais popular, a competição entre as empresas se intensificava. Novos participantes entraram no mercado, oferecendo recursos e serviços inovadores. Além disso, a evolução tecnológica trouxe constantes atualizações e modelos de telefones mais avançados.

No entanto, esse crescimento acelerado também trouxe desequilíbrios. A competição feroz levou a uma redução nos lucros das empresas estabelecidas, enquanto novas empresas ganhavam espaço. Algumas empresas, como a Motorola, que antes eram líderes de mercado, enfrentaram dificuldades para acompanhar a inovação e sofreram consequências negativas.

4. Crise e Declínio

O estágio da crise finalmente chegou à indústria de telefonia móvel. Empresas que não conseguiram se adaptar e inovar adequadamente enfrentaram dificuldades financeiras. Além disso, a chegada de um novo concorrente revolucionou completamente o mercado: a Apple, com seu revolucionário iPhone.

O iPhone, lançado em 2007, introduziu um novo conceito de smartphone, com uma interface amigável e a capacidade de baixar aplicativos. Isso desencadeou uma mudança radical na indústria, levando a uma retração econômica para as empresas que não conseguiram acompanhar essa inovação.

Empresas como a Nokia, que antes dominavam o mercado, foram duramente atingidas e perderam participação para a Apple e para outras empresas que surgiram com smartphones Android. O declínio dessas empresas tradicionais marcou o fim de uma era na indústria de telefonia móvel.

5. Novas Inovações e Reinício do Ciclo
Após a crise e o declínio, um novo ciclo de inovação e empreendedorismo começou na indústria de telefonia móvel. Empresas como a Samsung, Google e outras surgiram com novos modelos e tecnologias avançadas, mantendo a competitividade no mercado.

O ciclo de inovação continuou com o surgimento de recursos como telas sensíveis ao toque, câmeras de alta resolução, conectividade 4G e 5G, inteligência artificial e muito mais. Essas inovações continuaram impulsionando o crescimento econômico e moldando a forma como nos comunicamos até os dias de hoje.

Os Ciclos de Mercado de Schumpeter oferecem uma visão interessante sobre como a economia evolui ao longo do tempo. Ao entender essa teoria, podemos obter insights valiosos sobre os mecanismos subjacentes aos ciclos econômicos e como eles moldam nossa sociedade.

Durante este capítulo você talvez tenha se perguntado:

"Como os datilógrafos poderiam ter se mantido do mercado de trabalho"

E a resposta pode ser...

Capital Humano.

CAPITAL HUMANO
Gary Becker

Era uma vez, em Pottsville, uma pequena cidade no estado da Pensilvânia, nasceu um menino chamado Gary Becker, no dia 2 de dezembro de 1930. Gary cresceu em um ambiente modesto, filho de um contador e uma dona de casa. Desde cedo, mostrou-se curioso e interessado em entender como as coisas funcionavam ao seu redor.

Na escola, Becker era um aluno dedicado e estudioso. Ele tinha um talento especial para a matemática e, aos poucos, começou a perceber que a economia era uma ciência que poderia ajudá-lo a desvendar os mistérios do mundo. Apesar de seus interesses, ele não tinha certeza de que seguiria a carreira de economista.

Foi apenas durante seus estudos na Universidade de Princeton, onde ingressou em 1947, que Gary Becker teve seu primeiro contato mais profundo com a economia. Ele se viu fascinado pelas teorias e modelos que explicavam como as pessoas tomam decisões racionais diante das restrições que enfrentam.

O jovem Becker foi influenciado por grandes pensadores, como Milton Friedman e Paul Samuelson, que se tornaram seus mentores. A partir desse momento, ele se dedicou de corpo e alma ao estudo da economia, explorando os fundamentos da teoria e suas aplicações práticas.

Após concluir seu doutorado em economia pela Universidade de Chicago em 1955, Gary Becker iniciou sua carreira acadêmica na Universidade de Columbia. Lá, ele começou a desenvolver suas primeiras ideias inovadoras, que lançaram as bases para suas futuras contribuições à disciplina.

Becker se destacou por sua abordagem interdisciplinar, integrando conceitos econômicos com outras áreas, como sociologia, psicologia e demografia. Essa perspectiva ampla permitiu-lhe explorar fenômenos sociais complexos e entender como as escolhas individuais afetam o funcionamento da sociedade como um todo.

Em 1992, o trabalho de Gary Becker foi finalmente reconhecido com o Prêmio Nobel de Economia. Essa honra trouxe a ele uma maior visibilidade e destacou a importância de suas contribuições para a disciplina econômica. Becker tornou-se uma referência para futuras gerações de economistas e sua obra continua influenciando o pensamento econômico até os dias de hoje.

Após uma vida dedicada à pesquisa e ao ensino, Gary Becker faleceu em 3 de maio de 2014, deixando um vazio imenso na comunidade acadêmica e além. Sua partida foi profundamente sentida por colegas, alunos e admiradores ao redor do mundo.

No entanto, mesmo após sua morte, o legado de Gary Becker continua vivo. Sendo um dos principais legados de Gary Becker, a teoria do capital humano.

O que é a Teoria do Capital Humano?

Para entender a Teoria do Capital Humano, é importante começar pelo conceito de capital. Em economia, o capital geralmente se refere aos bens materiais, como máquinas, equipamentos e instalações que são utilizados na produção de bens e serviços. No entanto, Gary Becker expandiu esse conceito para incluir também o capital humano.

O capital humano é representado pelo conjunto de habilidades, conhecimentos, experiências e capacidades que uma pessoa adquire ao longo da vida. Esses atributos são adquiridos através da educação formal, treinamentos, experiências profissionais e até mesmo atividades de lazer. Becker argumentou que o capital humano pode ser considerado um tipo de investimento, pois aumenta a produtividade e a capacidade de um indivíduo para gerar renda ao longo do tempo.

Por exemplo, imagine duas pessoas com habilidades e experiências diferentes. Uma delas possui um diploma universitário e vários cursos complementares em sua área de atuação, enquanto a outra tem apenas o ensino médio. É provável que a primeira pessoa tenha mais oportunidades de emprego e possa desempenhar funções mais complexas e bem remuneradas. Isso ocorre porque o investimento em educação e aquisição de habilidades aumentaram o capital humano dessa pessoa, tornando-a mais valiosa no mercado de trabalho.

Após entender o conceito de capital humano, vamos falar sobre o investimento nesse tipo de capital. Assim como ocorre com o investimento em capital físico, o investimento em capital humano envolve custos e benefícios.

Os custos do investimento em capital humano podem ser representados pelo tempo, esforço e recursos financeiros necessários para adquirir educação e treinamento. Por exemplo, um estudante universitário precisa dedicar vários anos de sua vida aos estudos, pagar mensalidades, comprar livros e materiais, entre outros gastos relacionados à sua formação. Esses custos podem ser consideráveis, especialmente em países onde a educação superior é cara.

No entanto, os benefícios do investimento em capital humano podem superar esses custos. Indivíduos com maior capital humano geralmente têm mais oportunidades de emprego, maiores salários e melhor qualidade de vida. Além disso, o investimento em capital humano também pode aumentar a empregabilidade ao longo do tempo, proporcionando maior segurança e estabilidade profissional.

Um aspecto crucial da Teoria do Capital Humano é o conceito de retorno do investimento em capital humano. Assim como ocorre em outros tipos de investimentos, espera-se que o investimento em capital humano gere retornos positivos ao longo do tempo.

O retorno do investimento em capital humano pode ser observado de várias maneiras. Um dos principais indicadores é o aumento dos salários. Indivíduos com maior capital humano geralmente têm habilidades mais valorizadas e, consequentemente, recebem salários mais altos. Além disso, eles também têm maior probabilidade de conseguir empregos estáveis e com benefícios adicionais.

Outro indicador de retorno do investimento em capital humano é a taxa de emprego. Pessoas com maior capital humano têm mais chances de estar empregadas em comparação com aquelas com menor capital humano. Isso ocorre porque suas habilidades e conhecimentos os tornam mais adaptáveis às mudanças nas demandas do mercado de trabalho.

Você talvez esteja se perguntando:
"e o que isso tem a ver com economia?"
E a resposta está nas...

Externalidades

Bom... Tenho certeza de que você já leu os capítulos anteriores, certo? Então, já deve estar familiarizado com o conceito de externalidade. Mas caso tenha esquecido, vou refrescar sua memória! As externalidades acontecem quando os efeitos de uma ação individual se espalham para além da pessoa que a realiza.

No contexto da Teoria do Capital Humano, as externalidades positivas surgem quando um indivíduo com maior capital humano contribui para o desenvolvimento econômico e social de sua comunidade. Por exemplo, uma pessoa altamente educada e qualificada pode abrir um negócio bem-sucedido, criar empregos e estimular a atividade econômica local. Isso beneficia não apenas o próprio indivíduo, mas também outras pessoas que se beneficiam dos empregos criados e dos produtos ou serviços oferecidos por esse negócio.

Agora...
Se você está se questionando:

"Países com maior capital humano tendem a ser mais ricos?"
A resposta é...

Talvez.

Quando uma população tem maior capital humano, é provável que haja uma maior produtividade e eficiência em vários setores econômicos, o que pode levar ao crescimento econômico.

Indivíduos com maior capital humano têm maior probabilidade de desempenhar funções mais complexas e inovadoras, gerando maior valor agregado. Além disso, eles têm mais chances de se adaptar a mudanças tecnológicas e novas demandas do mercado. Isso pode impulsionar a competitividade de um país e favorecer o crescimento econômico.

No entanto, é importante lembrar que o capital humano sozinho não é garantia de riqueza. Existem muitos outros fatores que influenciam o desenvolvimento econômico de um país, como por exemplo liberdade econômica.

Agora vamos a um exemplo de como Capital Humano pode influenciar na economia:

Milagre econômico japonês

Era uma vez, no pós-Segunda Guerra Mundial, um Japão devastado e em ruínas. A derrota na guerra trouxe consigo uma crise econômica e social profunda, deixando o país em uma situação desesperadora. No entanto, em um período relativamente curto de tempo, o Japão se recuperou de forma impressionante e alcançou um crescimento econômico extraordinário, conhecido como o "Milagre Econômico Japonês".

Essa incrível transformação econômica ocorreu durante as décadas de 1950 a 1970, e foi impulsionada por uma combinação de fatores-chave. O primeiro deles foi um forte compromisso do governo japonês em reconstruir o país e impulsionar a economia. Políticas de incentivo à industrialização, investimentos em infraestrutura e apoio às empresas foram implementadas de forma estratégica.

A educação desempenhou um papel fundamental no "Milagre Econômico Japonês". O Japão investiu massivamente em capital humano, fornecendo acesso amplo à educação de qualidade para a população. O sistema educacional japonês enfatizava a importância do conhecimento técnico, das habilidades práticas e da formação de uma base sólida de capital humano.

Além disso, o Japão priorizou a formação de uma mão de obra altamente especializada, especialmente nas áreas de engenharia, ciência e tecnologia. Isso permitiu que o país se tornasse líder em setores industriais de alta tecnologia, como eletrônicos, automóveis, maquinário e produtos químicos. As empresas japonesas investiram pesadamente em pesquisa e desenvolvimento, buscando constantemente a inovação e aprimoramento de seus produtos.

A abertura para o comércio internacional também foi um elemento crucial no sucesso do "Milagre Econômico Japonês". O país adotou uma postura pró-comércio, buscando exportar seus produtos para mercados estrangeiros e atrair investimentos externos. Isso impulsionou a indústria japonesa e permitiu que as empresas conquistassem uma posição competitiva global.

As mudanças no capital humano no Japão foram fundamentais para o sucesso econômico do país. O investimento maciço em educação e treinamento resultou em uma força de trabalho altamente qualificada, capaz de impulsionar a inovação, aumentar a produtividade e enfrentar os desafios tecnológicos do século XX.

Após você ler esse livro, tenho certeza de que seu capital humano aumentou.
Você pode me agradecer depois.

www.ingramcontent.com/pod-product-compliance
Lightning Source LLC
Chambersburg PA
CBHW071521220526
45472CB00003B/1110